慢宿，

獻給正要出門，
在旅途上，
或在回家路上的旅人。

Slow Hotels
Journeys around my hotel rooms
3

慢宿，在旅館中發現祕境

Slow Hotels

Journeys around my hotel rooms

3

旅行的速——度，
決定行旅的深度。

丁一
Vancelee Teng

推薦序

跟著丁一在旅館裡尋寶

不丹王太后
多傑・旺姆・旺楚克
HM Queen Mother Dorji Wangmo Wangchuck

眾所周知，我創辦的德瑪鈴卡旅宿，其中德瑪一詞以我們道地的宗喀語來解釋，意即隱藏在神祕處的寶藏。

這些隱藏在隱密山林中的寶藏，經過無數劫的時間與等待，最終將由一位偉大的伏藏師發掘。

丁一先生發現德瑪鈴卡的過程，對我而言，無非就像一位伏藏師發現了隱藏的寶物般。他的眼光獨到，思考精確，心細手巧，一下定決心即放膽去做！

憑藉多年的專業知識和對品味設計的矢志篤行，丁一先生在有限的資源下，重新打造出令我「另眼相看」的套房設計。前後的視覺氛圍差距，簡直是判若天淵。一間間充滿設計巧思和人文意涵的古雅套房，不僅強化不丹本土性的文化和信仰，也提供了入宿旅人一個放鬆和冥思的絕佳意境。

很高興看到「旅館三部曲」的完結篇，也是丁一的最新力作《慢宿，在旅館中發現祕境》（Slow Hotels : Journeys around my hotel rooms 3）推出。費時四年，跨越歐、亞十三國，挑選十七家最值得旅人叩訪的精品旅館——有建築大師助陣的老品牌，有米其林大廚坐鎮的大飯店，有紅星、名人雲集的品味旅館，也有隱藏在民居巷弄、不為人知的道地民宿。

丁一的書形同一張尋寶地圖，帶著我們在無邊無際的旅館天地間尋幽探密。透過他的視角觀察並解讀這些旅館，是一種至高的精神享受。

我深信，在您翻閱之際，定會發現許許多多隱藏在字裡行間的絕美祕境。

二〇一九年六月二十七日於廷布

推薦序

旅人慢宿，真實活著！

飛碟聯播網「蘭陽有約」主持人
彭瀞儀

或許是 DNA 的驅動，冒險犯難和追尋夢土的本能，從三十萬年前智人攜帶手斧遷徙以來，不曾停歇。歲月讓一步一腳印的嘗試，發酵成就了先祖們的渴望。可忙碌的現代人實在沒時間等候歲月精釀，為了短暫美好旅行與吉光片羽的回憶，縝密的規劃和 Google 導航，取代了尋路時的「浪漫驚喜」與「浪費時間」。遊歷世界六十餘國的「亞洲五十大創意精英」丁一先生，卻總樂於「不帶地圖的旅行」，甘願以旅程中最珍貴的時間，在異域探尋即將下榻的旅店，再緩緩蒐集旅宿主人或設計師們無聲的「房間故事」。

丁一先生自二〇〇九年展開「旅館三部曲」的書寫與走訪計畫：第一部《在旅館房間裡旅行》於二〇一二年十二月問世，第二部《我行。我宿》於二〇一五年十月出版，第三部《慢宿，在旅館中發現祕境》將於二〇一九年七月發行。計畫從塵埃落定到開花結果，歲月忽忽過，回首竟十年！

《慢宿，在旅館中發現祕境》是三部曲的完結篇，本書除了向同好推薦及分享歐、亞十三國最具特色的十七家旅宿，更可貴的是，其中被《國家地理》雜誌評選為 Unique Lodges of the World 的吉臥林旅館，以及由不丹王太后創辦的德瑪鈴卡旅館，它們的室內設計與裝潢全出自丁一先生的手筆。

遍訪歐、亞五、六星級特色旅館的丁一先生，不僅是廣告創意人、行旅達人、作家，他更學而優則仕，躋身成五星級旅館室內設計師；為造訪「最幸福國家」的旅人，傳遞媲美天堂的「雷龍之國」帔羅山城勝境之美，以及不丹人身安、心安的平安法寶——「原始森呼吸」！

初見〈原始森呼吸〉一文時，原以為作者是在歌詠平均海拔二千二百公尺高的不丹帔羅河谷，原始林雲霧繚繞、人跡罕至，河谷空靈壯麗、寧靜祥和；沒想到，原來不丹之美更在「人」——在七成國土廣被森林覆蓋的不丹子民心中，仍保有山林俊秀、澗深谷幽和藏密「慢宿」涵養的質樸心靈！

蘇軾詩：「人生百年如寄耳」；泰戈爾云：「我們生來都是旅人。」

丁一先生十年紀實，在房間、在旅館、在旅程、在歸途！以文字和照片奏起最緩板（Largo）樂章，以自在淡然的用心「慢宿」，解放現代人窘迫於柴米油鹽醬醋茶的僅容旋身。

在5G百倍速時代到來與移動通訊技術改變世界之際，《慢宿，在旅館中發現祕境》開出「慢一點，靈魂才跟得上」的行旅處方，重建「此刻。真實活著」的生命基調，安頓燥熱失速的心。

人生如寄！「旅人」，唯用心「慢宿」的當下，真實活著！

寫於二〇一九年夏至

推薦序

找尋自我與認識自己的歷程

行一建築設計總監／建築師
彭文苑

「慢」是一種心境的狀態，也是反映生活觀與面對生命的態度。

旅行中的深刻記憶都是能觸動五官的人事物，那些值得用心體會與細細品味的體驗。對於畫面、氣味、觸覺、口感和聲音的記憶，都需要時間的醞釀來留下感動，像是沾著水墨的毛筆在宣紙上緩慢滑過，筆尖的停頓與軌跡的曲折，留下更深的層次與印記。旅行亦然，慢的心境能讓我們忘卻時間的匆促，而能專注在身體的五感上，讓身心靈忘我地融入當下的文化情景中，潛心於自身之外的一切。五官頓時像提高了感知的解析度般，開始注意過往從不曾注意的細節與變化，是風吹過樹枝的嘶嘶聲，是樓梯大理石踏板被踩踏一百年後留下的凹陷，是建築裡濃濃的文化韻味，累積數百年而傳承下來，能因應當地氣候條件與需求衍生出的智慧、材料與生活觀。旅程的回憶有難忘大器壯麗的山河美景，也少不了細膩交織的文化感動。

畫面中的溫度與質感，能烙印在我們記憶中的美，通常不會只是視覺上的驚豔。畫面裡有著更深層的感動，是透過細節編織出來當地的文化底蘊與當下的生活溫度，讓我們得以一直細細品味。空間中的細節、紋理、質感、歲月、光影、氣味、聲音、溫度等都是醞釀的重要元素。它是一串連續感受層層疊加出的「感受印象」，心的感受多過腦的記憶，印象裡的遠景輪廓是來自大自然景色，中景的質感來自人造的建築景觀，近景的味道則來自人體五官的感受。透過一層一層的感動，在每個人的心中烙印出一幅獨一無二且專屬的風景，這也是旅行最讓人著迷與難忘的魅力所在。

《慢宿，在旅館中發現祕境》是一本收藏許多異國地域裡優美畫面與描繪異地文化體驗的寶庫，透過筆者的旅遊紀錄，帶給我們不同的觀感體悟與生命態度。宛若一瓶美酒，有很多層次的品味，是一本值得細細久久感受的好書。書中的景點和旅店都是精心挑選而出，具備非常獨特的自然景觀、文化意涵與設計情感的場景。隨著筆者兼具東西方文學涵養，獨具深度，精采細膩的畫面，以及巧妙的引經據典，描繪出旅行當下的意境與心情；細膩雕琢的文字填補了照片傳達不出的觸感與溫度，讓讀者在腦海裡慢慢醞釀與浮現出場景中的光影、氣味、聲音、溫度與氛圍。猶如把讀者的心境拋擲到千里之外的場景，帶你身歷其境筆者當時的感動，一同感受異國文化裡的設計與品味。

每一次的旅程都像去見一座山，唯有透過時間的醞釀與心境的轉變，能讓我們對旅行有更深層的感知與體悟。

二〇一九年六月三十日於臺北

作者序

慢一點，靈魂才跟得上。

丁一

披頭四樂團主唱約翰・藍儂唱出了現代人的心聲：

當我們正在為生活疲於奔命的時候，生活已經離我們遠去。

一九八六年，義大利記者兼美食評論家卡洛・佩特里尼得知羅馬著名的西班牙廣場附近要開設第一家麥當勞分店時，為了捍衛義大利美食文化，喚醒人們遭快餐催眠的味覺，他發起了一場「慢食運動」，拉開了全球慢活運動的帷幕。

慢食的精神，並不光只是慢慢享受美食，而是對食材本身原汁原味的重視。慢，更多時候是一種心境，一種生活態度，像陶淵明在詩中所言：「結廬在人境，而無車馬喧。問君何能爾，心遠地自偏。」

慢活，是一種對抗不斷過度加速的現代生活節奏的自覺。既不一味求快，更不一味求慢，而是在「快與慢中，找到讓自己舒服的自然生命韻律」，盡量以音樂家所謂的 Tempo Giusto（正確的速度）過生活。蔣勳在《天地有大美》中也抱持同樣想法：「讓速度在加快和緩慢之間有平衡感，才有欣賞生命的可能。」

放慢腳步，需要的是時間。可是時間是什麼呢？純粹只是我們生活中的一秒、一分、一小時、一星期、一年、千年、億年嗎？

時間真的只能從單位上去捉摸嗎？

從一張臉孔、一雙鞋、一本書、一件衣服、一件古玩，甚至一片麵包、一杯茶、一瓶酒、一碗飯裡頭，都可以找到時間的痕跡；甚至在沒有實體的記憶庫裡，都堆滿了時間的元素。

單位上的時間是抽象概念的，捉不著邊，摸不著底。物質表象上的時間相對較易拿捏，可以用眼耳鼻舌身去感觸。時間遺留下的印記和齒痕，可以看、可以聽、可以聞、可以嘗、可以摸，比鐘錶上的指針更加具體，感受自然也較深刻。

一段旅程也是時間的一個縮圖，行旅中下榻的旅館，當然是時間最濃縮的所在。旅館裡的每一個房間，擁有無止盡的空間與時間相互交錯著。空間裡無處不是絕佳祕境，而時間則是這些偉大工程的創造者。

一家上好的旅館，多少可以觸摸到時間的痕跡，嗅出時間的芬香，甚至品嘗到時間的味道。

而旅行的速度，多少也決定了行旅的深度。只有放慢腳步，才有可能發現羈留在時間裡的美。

哥本哈根大英老飯店連女王也慕名而來的經典「香檳花枝」、峇里島上神祕園之旅以文火燉調的「髒鴨散步」、蘇黎世湖邊多爾德大飯店米其林二星主廚呈獻的「藝術前菜」、清邁山城極樂軒老厝饕家爭食的「查甕菜」，我品嘗的何止是食材的原味驚喜，而是時間一點一滴累積出來的層次感。

斯德哥爾摩工藝風格的百年老房子、阿姆斯特丹輝煌壯觀的歌德式音樂學院、暹粒郊外田間的道地木頭高腳屋、奧斯陸偷心閣的藝術饗宴、布魯塞爾大廣場旁的古蹟監獄、帔羅山谷中吉臥林獨有的四百五十年老廟宇等精神旅宿，除了安頓好軀體，亦藉著重疊交錯的時間肌紋逡巡人文記憶。

在安德麥特雪山下的揭諦旅館入睡，從烏布河谷中曼塔帕別墅坐擁的山河田林裡醒來，倚著龍坡邦風瓦山莊的老陽臺遠眺普西山頭上的宗西塔，聆聽尼泊爾古宿尼房的晚禱鐘聲，靜享馬爾地夫索尼瓦度假村的荒島生活，每一處的偶遇，像是和時間玩捉迷藏，在分分秒秒的歷史迷宮裡暗自思忖。

細節，往往藏匿在最不起眼的地方，最容易被人們忽視和遺忘。當我們回想起行旅時的吉光片羽，總期望它愈來愈慢，像個慢鏡頭，甚至定格在腦海中的某一處。

在放慢的行旅速度中，終有契機窺探天地的深淺、萬物的厚薄及人情的冷暖。

捷克裔小說家米蘭・昆德拉的《慢》（*La Lenteur*）點出了現代人的通病：「在機器革命了自然的世界裡，生活被裝置上發動機，開足了馬力，於是我們開始了轉瞬即逝的生活！」

慢不下來的旅人，是世界上最浪費生命的人。

二〇一八年十一月二十三日於龍坡邦風瓦山莊

目錄 contents

CHECK IN 1
慢宿祕境
Slow Earth

真正的活著 —— 016
揭諦度假村，安德麥特，瑞士
The Chedi, Andermatt, Switzerland

醒來的老房子 —— 034
綠苑度假村，暹粒，柬埔寨
Phum Baitang, Siem Reap, Cambodia

跟著魯賓遜漂流去 —— 052
索尼瓦度假村，巴亞群島，馬爾地夫
Soneva Resorts, Baa Atoll, Maldives

最接近神靈的庭園 —— 068
曼塔帕度假村，峇里島烏布，印尼
Mandapa Ritz Carlton Reserve, Ubud, Bali, Indonesia

CHECK IN 2
慢活建築
Slow Space

有一種感覺叫回家 —— 088
居家坊，斯德哥爾摩，瑞典
Ett Hem, Stockholm, Sweden

原始森呼吸 —— 104
吉臥林，帕羅河谷，不丹
Zhiwa Ling, Paro Valley, Bhutan

聽見未來 —— 120
響樂旅館，阿姆斯特丹，荷蘭
Conservatorium, Amsterdam, Netherlands

在巴坦遇見挪威 —— 136
古宿尼房，巴坦，尼泊爾
Cosy Nepal, Patan, Nepal

CHECK IN 3 慢食探索
Slow Food

煮出一個王國來 152
大英老飯店，哥本哈根，丹麥
Hotel D'angleterre, Copenhagen, Denmark

躲在世界的某一頁 168
神祕園之旅，峇里島，印尼
Secret Retreats Journey, Bali, Indonesia

廚房作曲家 184
極樂軒老厝，清邁，泰國
Villa Mahabhirom, Chiangmai, Thailand

CHECK IN 4 慢遊藝宿
Slow Art

創意神偷 202
偷心閣，奧斯陸，挪威
The Thief, Oslo, Norway

建築師留下的問號 216
多爾德大飯店，蘇黎世，瑞士
The Dolder Grand, Zurich, Switzerland

為藝術入獄 234
友人旅館，布魯塞爾，比利時
Rocco Forte Hotel Amigo, Brussels, Belgium

CHECK IN 5 慢療天地
Slow Rest

埋在雪山下的情詩 252
德瑪鈴卡，廷布，不丹
Terma Linca, Thimphu, Bhutan

人體的祕密花園 268
池上旅宿，峇里島坎古，印尼
Villa Sungai, Canggu, Bali, Indonesia

讓時間慢慢老去 282
貝爾蒙德風瓦山莊，龍坡邦，寮國
Belmond La Residence Phou Vao, Luang Prabang, Laos

CHECK IN 1

慢宿祕境
Slow Earth

1. 真正的活著

揭諦度假村，安德麥特，瑞士
The Chedi, Andermatt, Switzerland

2. 醒來的老房子

綠苑度假村，暹粒，柬埔寨
Phum Baitang, Siem Reap, Cambodia

3. 跟著魯賓遜漂流去

索尼瓦度假村，巴亞群島，馬爾地夫
Soneva Resorts, Baa Atoll, Maldives

4. 最接近神靈的庭園

曼塔帕度假村，峇里島烏布，印尼
Mandapa Ritz Carlton Reserve, Ubud, Bali, Indonesia

真正的活著

揭諦度假村
安德麥特，瑞士

The Chedi, Andermatt, Switzerland

上到雪山，就只剩下松林和湖泊了。蓊鬱的綠混合深邃的藍，猶如一匹壇城唐卡，銜接著天與地。初冬伊始的格姆斯托山頂上已經開始積雪了，層層堆疊在一起，像塗在蛋糕上厚厚的絢麗奶油。寒流來襲時溫度降得特別急，呼氣時還會出現淡淡煙靄。

一路風塵僕僕，從挪威奧斯陸飛抵蘇黎世，緊接著轉搭南下火車前往瑞士最奢華隱密的滑雪度假勝地——安德麥特（Andermatt）。約莫七小時車程，途經許多景致怡人的小鄉鎮，山明水秀盡收眼底。抵達揭諦度假村時，早已身心俱疲。可我倒忘了自己身在安德麥特最高檔的祕境旅宿內，駐館經理早已洞悉旅人的心態，迎賓第一個開局：免掉所有入住手續的繁文縟節。

首先，把接待櫃臺設在吧檯處，少了一般商務酒店的拘泥，旅人頓覺翛然自在。三十五公尺長的比利時藍石櫃臺，掛著一百四十三盞水晶燈。啜飲一口迎賓酒，心境自然跟著舒緩放鬆下來。我只不過在入住卡片上簽個名，無須出示護照和信用卡，連影印存本亦省略了。

整個大廳以純質橡木細心琢磨每一個角落。高挑聳拔的落地觀景窗由上而下一氣呵成，把戶外忽虛忽實的蒼茫山林倏然帶進旅館。上選皮革沙發環繞著十幾個手工打造的圓形玻璃火爐，坐臥其間，品酒、品茶之際，亦可品賞煙氣翻騰、火苗飛舞的瑰麗神奇。

如此自成一家的豪華大廳格局，出自卡第爾之手。他的建築王朝遍及全球各地聲名顯赫的大牌旅館，尤以安縵為其經典代表作。身為安縵痴的我，豈容錯過。

安德麥特小鎮

卡第爾
Jean Michel Gathy
1955～
比利時建築大師
安縵旅館專用建築師，以高貴典雅、奢華大方風格聞名

上：細節彰顯設計的非凡
下：在大廳品賞火苗飛舞的奇景

從一張床解讀臥房

入住套房後第一件事：往陽臺上觀景去。久聞瑞士山景明媚，這趟旅程又選擇建在雪山區域的揭諦度假村，決心日夜晨昏與山相守。

臥房的床頭上，飾有幾排實木直線型黃銅壁燈，暈黃的光微微撒在床上，教人萌生慵懶。米褐色的床鋪來頭可不小，聽說是進口貨，源自瑞典頂級床鋪老品牌海絲騰（Hastens），一張叫價五萬歐元，被品味雜誌 Wallpaper 和《胡潤報告》（*HURUN Report*）號稱為世界上最好睡、最昂貴的床。

海絲騰自一八五二年開始手工製作床墊，精選馬尾毛、羊毛、亞麻及松木為四大原料，其所帶來的排溼、透氣、溫控及堅實度，造就了獨一無二的床具。

古語有云：「好夢留人睡。」安眠在海絲騰床上就像鑽進蠶繭裡，絲滑柔軟又保暖。縱觀人生三分之一的時間都花在床上，重本投資亦無可厚非。

床對面的皮革沙發後方則是一幅滑雪壁畫，和戶外的雪山成對比。浴室由原木格子門隔開，洗澡時打開門即可飽覽流雲天光。窗戶旁的玻璃火爐，只要在 iPad 遙控器上按個鈕，木頭如魔術表演般馬上著火。經過諮詢後才獲悉木頭是人造的，以電子火苗營造出乾材烈火的幻象，教人嘖嘖稱奇。

陽臺上置有一桌兩椅，宜坐宜窩，看書賞景，感喟「晚來天欲雪，能飲一杯無」。陽臺下有一巨大方池，池邊為 Pool Bar 。冬天池水凍結的時候，還可化為溜冰場，四季轉變讓度假村內外的布局也依氣候而更換。

上：單是馬毛床鋪已值回房價

左：陽臺賞景，宜坐宜窩

以落地玻璃打造的室內泳池，足有三十五公尺長，且設有暖水系統。連接地下室二千四百平方公尺的水療館，設有熱池和冷池，還有值得花半天時光優哉閒哉的芬蘭浴，不和時間賽跑，靜享每分每秒。

返璞歸真的山居歲月

晨起用餐後，趁著陽光普照走訪藏匿在烏爾瑟倫河谷中的安德麥特。曲折蜿蜒的鵝卵石道上，小橋流水處，古樸民居、道地博物館、餐廳和咖啡館俯拾皆是。的確是個適合緩緩而行，慢慢咀嚼的小鄉鎮。

山區周遭古木參天，林靜山幽。徐徐拾級而上，來到藏在丘壑間的石造古寺，松柏掩映，奇花異葩。到處可見肥胖可愛的土撥鼠挖洞築巢，由於過量繁殖，反而變成山區居民的威脅，農作物和住家房子深受破壞，已達臨界點。

肥胖的土撥鼠擁有厚實的脂肪組織，富含一種稱為甘油酸的物質，對治療關節炎和皮膚過敏極有成效，倘可滋潤皮下組織細胞。聰慧的山民靈機一動，透過政府批准的限量捕殺，除了控制土撥鼠數量，又可開發商機。塗在我全身的按摩油，就是這種哺乳動物的自然精華，再配合一種開遍阿爾卑斯山脈的野花——山金車。據說它富含分離活性化合物，如黃酮類和單寧酸，擁有優異的瘀傷癒合能力。

兩小時的 Alpine Massage 療程，著重於全身肌肉與關節之處。療方該是來自本土山民，長年累月翻山越嶺，飽受夏冬煎熬，骨頭和肌肉極易受損。結合土撥鼠油的

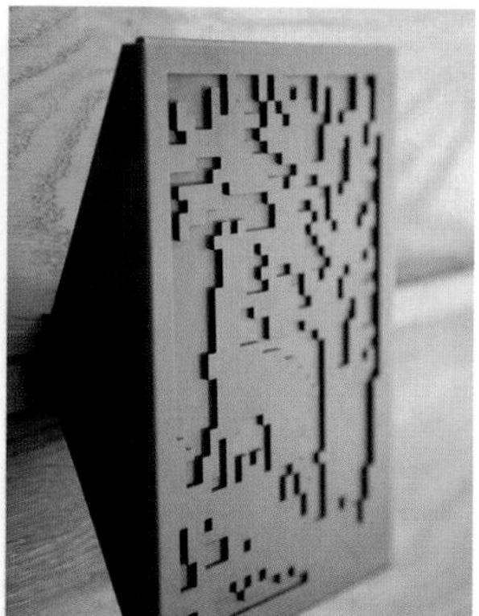

上：毗鄰水療館的休憩區
下：三十五公尺長的室內泳池
右：黃銅壁燈、柚木家具和燈飾

除溼通絡和山金車花油的舒筋活血，成了當地人自古以來特有的一套保健祕密。

看過一部日本電影《小森食光》，敘述一名離開城市返鄉的女孩，孑然一身靠著自給自足的農田，依據小時候親睹母親下廚的點滴回憶，過著不食人間煙火的隱居生活。影片中的女主角堅持依靠大地給的素材，做出許多叫人垂涎的美食。這又讓我想起離群索居的梭羅在華爾騰湖的孤獨歲月，僅靠打獵與耕地維生。

梭羅這麼說：「我走進山林，因為想從容地活著，只面對生命的本質，看看能不能學到它要教會我的東西。這樣，當我離開人世，才不會突然發現，我從來沒有活過。」不像日片女主角還靠書信往來了解外界，梭羅認為連寫封信或看份報紙都是多餘的，浪費時間和精力。

我在安德麥特短暫體驗的山居歲月，未必嚴峻到梭羅這樣的地步；但遠離塵囂的確帶給我祥和平靜。或許是旅館設計中運用大量的橡木，褐黃的色調接近「土」元素中的代表色，叫人心胸舒展，安穩沉靜。或許是天光雲影交織著參差的樹影，前所未聞的天籟之音，闃無人聲的沿河古道？又或許是幾天下來的獨處深思，與大地親炙而無為無求的心境？

北歐森林學會發布過一則新聞，強調每天逛公園時抱一抱大樹，有助於把體內的負面能量排放出來，讓身體徹底放鬆。我這才明白古人以木造屋是有其原因的，只可惜，現代人都住在鋼骨森林裡，再加上建築細節中任意把大自然環境切割掉，造成了一個侷限的生活空間，長年累月居住其中，怎能不悶出病來！

梭羅
Henry David Thoreau
1871～1862
美國作家、詩人、哲學家
《湖濱散記》為代表作

上：地下室設有熱池和冷池，以土色調的橡木打造地板
下：桑拿浴室和理療室浴缸

看得見風的建築設計

地球上有不少古老聚落，從其外部設計即可探測到風的吹拂。如換氣塔林立的伊朗沙漠聚落、風車並立的荷蘭聚落，或倚著防風林一字排開的印度海岸聚落。單從屋簷的方向，就可知道那一邊是迎風面。

義大利畫家基里訶（Giorgio de Chirico）的畫作中，旗子和裊裊炊煙在寂靜中飄動，也是一種看得見風的巧思表現。我趺坐於沙發上，細細打量陽臺上下一根根筆直並排的橡木欄杆。除了讓陽光可以從空隙鑽入房間，也允許從山頭林間滑過的風自由進入，那絲絲沁涼，就是設計細節的回報。

「我院密竹林，風吹竹有聲，竹聲似幽微，如此夕陽下。」大伴家持《萬葉集》這首短詩道出日本傳統建築傾聽風聲之姿態。眼前排列工整的橡木欄杆，帶有幾分和風美學寄情山水的神髓，這也是卡第爾最擅長表達的中西合併設計風格。

不只是陽臺的欄杆，四方池邊露天座席的凹形設計，像是切成半的中庭格局，也是個理想的聚風穴，暗含「水自竹邊流出冷，風從花裡過來香」的哲思。再加上度假村身處山谷的地理優勢，有山有林，有谷有溪的大自然運作，風的走向也更戲劇化。

常常在不經意的一個轉角，就和風遇上了。迴廊上、池畔間、庭院裡、玄關處、天井邊，都可以聞到風的氣息。具體而言，風是看不見的氣壓變化，由於刻骨銘心的切身感受，彷彿也看見了無形的風。

上：山金車花油護膚品
左：陽光和風可以自由進出陽臺

坐在露天中庭小憩片刻，迎著山谷間吹拂而來的風，耳畔驀然響起劉家昌先生作詞填曲的老歌：南風又輕輕吹起，吹動著青草地，草浪緩緩，推來推去，景色真美麗……

讓早餐起死回生

英國文學家賽謬爾．佩皮斯（Samuel Pepys）在一六六六年的倫敦大火裡，倉皇失措地將珍藏的「帕瑪起司」埋藏起來，以避祝融之災。法國文學家莫里哀（Molière）晚年時，對三餐異常挑剔，只吃由「帕瑪起司」煮成的菜餚。對瑞士人來說，早餐要是沒有配合頂級的「帕瑪起司」是說不過去的。尤其是以優質奶牛為傲的農民們，對於如何製作一塊「帕瑪起司」，恐怕各有獨家祕方。但大致上，他們都同意初春的牛奶應該最甜美且具有複雜風味，所以是製作「帕瑪起司」的最佳來源。「帕瑪起司」旁烙有六月及七月分為最優質，因為此時的牛奶具

中庭的凹形露天座席，設有Pool Bar，
冬天池水凍結時便成了溜冰場

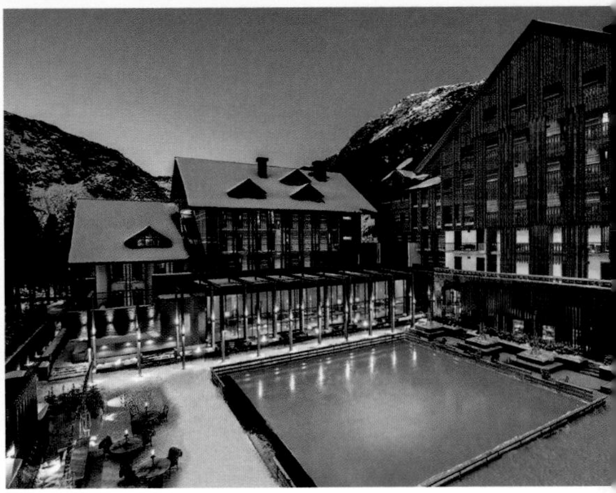

有較高的乳脂肪。

在揭諦度假村，早餐時段是最會挑起食欲的一個過程，拿好麵包和餅乾後，進入一間五公尺高，由透明玻璃設計而成的「起司塔」，裡頭堆滿了琳瑯滿目、風味奇特的起司。例如聞名世界的愛蒙塔爾、奇香無比的阿彭策爾、如絲軟滑的瓦其林蒙特、口味濃烈的史普林和芬芳柔和的格呂耶爾等。

瑞士人的早餐可以省略咖啡，絕對不能少了起司。沒有起司的麵包，啃起來味同嚼蠟。

人生，要真正的活著

素有「黑熊之地」的安德麥特，當地民房多以木頭建造，高矗的屋頂最能耐寒。維也納現代建築之父阿道夫也同意，要建一棟山居小屋，還是依照傳統的格局較好，畢竟傳統民居比較經得起時間和氣候的考驗。

揭諦度假村的設計外觀看起來和周邊民居無甚分別，只是建材不同而已，大量引用紅杉木、橡木和柚木。卡第爾畢竟還是一個比較傳統的建築家，不譁眾取寵，而以務實但奢華的手法打造人間淨地。

向來獨來獨往的我，頗享受這幾天「澗邊聽瀑布，山中聽梵唄」的蟄居歲月，留戀著無處不在、近似寺廟般的靜謐。回過神來，又發現自己對獨處的貪著。千里迢迢而來只為了逃避城市的喧囂，彷彿一置身於鬧市，心就無法安靜下來，又得重新

阿道夫・魯斯
Adolf Loos
1870～1933
奧地利建築師
對歐洲現代主義建築有很大影響，曾致力推動集合住宅

黑熊之地

上：五公尺高的玻璃起司塔
左下：馳名世界的芳香起司
右下：廚房一隅

計畫下一趟的出走。

很多時候，我們的心都無法安住當下。吃飯的時候掛念著工作，工作的時候老想著週末假期，度假的時候又期待早點回家。

《雜阿含經》曰：「一個人能夠不留戀於前塵往事，不迷失在對未來的憧憬中，時時刻刻都能保持正念，不生貪愛執著，這才是真正懂得獨處修行的人。不然，一個人即使躲在山洞森林裡，心裡總徘徊在過去和未來的種種幻夢中，也就不算是獨處修行了。」

二〇〇九年尾一個昧爽良晨，跟隨一行禪師在越南山城大勒的茶園裡學習經行。我才如夢初醒，發現自己走了半輩子的路，卻還摸不清走路的樣子。

經行的過程中，一行禪師不忘叮嚀：當下清清楚楚了知自己每個腳步的動作和速度，還有腳底接觸地表時的感覺，這才叫「真正的活著」。

一行禪師
Thich Nhat Hanh
1926～
越南佛教禪宗僧侶、作家、詩人、學者暨和平主義者

揭諦度假村 The Chedi
地　　址｜Gotthardstrasse 4, CH-6490, Andermatt, Switzerland
電　　話｜+41-41-8887488
電郵信箱｜info@chediandermatt.com
網　　址｜https://www.thechediandermatt.com/en
造訪時間｜2016年12月
房　　號｜Grand Deluxe 1314

把心安住當下，靜享「吃飯時就吃飯」的禪意氛圍

醒來的老房子

綠苑度假村
暹粒，柬埔寨
Phum Baitang, Siem Reap, Cambodia

元朝周達觀在一二九五年造訪當時稱為甘孛智的柬埔寨，回國後宵衣旰食寫了一部詳盡的《真臘風土記》。他萬萬沒臆測到這部八千五百字，分成四十則，從皇室、飲食、建築、風俗、服飾到宗教、地理、婚嫁、語言的行旅札記，輾轉七百年後竟然堂而皇之成為高棉內戰結束後的歷史文獻。

翻閱《真臘風土記》第三則，這樣寫著：「正室之瓦以鉛為之；餘皆土瓦，黃色。梁柱甚巨，皆雕畫佛形。屋頗壯觀，修廊複道，突兀參差，稍有規模。」這是周達觀在十三世紀初抵真臘（現今暹粒）時，對當地建築的印象描述，也是我剛踏入綠苑度假村的具體展現。

民居老屋散發星光

隱藏於綠苑裡的度假別墅，全都是以古式木頭房屋的格局呈現。多以柚木建構，高腳離地約二至三公尺，窗戶四至六口，屋頂呈人字型左右撇開。其中有一棟還是從暹粒郊區原封不動搬到這裡當作旅館的酒吧，門窗、梯梁、柱瓦全部經過修繕粉飾，原汁原味體現出吳哥朝代的人文精神風貌。

一望無際的農田裡，稻米茁壯成長，田梗縱橫相連，四通八達。一大片青翠欲滴的稻禾，掩映著度假村內僅有的四十五棟木屋別墅，雖沒有裊裊炊煙或砍柴放牧的叫聲，已讓人宛若置身田園村落中。

幾經迂迴，繞過幾塊綠地和蜿蜒小道，有種「曲徑通幽處，禪房花木深」的意

上：綠苑以古式木頭房屋的格局呈現
左上：接待大廳一隅的角落
左下：外觀如一般老屋的旅館酒吧

境，石坪小路的盡頭儼然矗立著泳池別墅。木亭下臨一方長形泳池，水面平滑如鏡，環顧四周盡是茂密的緬梔樹，黃澄澄的花朵倒映在水中顧影流盼。

別墅外觀古樸簡約，猶如一般民居農舍，可室內另藏風雅景致。由比利時設計師潔爾婷（Geraldine Dohogne）策劃，極簡風格充分體現在室內的巧思設計上。

登上幾階木梯，踏在扎實布滿紋理的柚木地板，腳底有種不可言喻的舒爽感。推開木門，一瞧臥床就知道經過精心打造。床頭由十幾個大小柚木相框集合而成，視覺效果奇佳，和床尾的淺炭灰沙發和矮長木桌相互呼應，教人躺下後，只想靜靜地臥享一個人的慵懶時光。蘇東坡寫過一首打油詩：「薄薄酒，勝茶湯；粗粗衣，勝無裳；醜妻惡妾，勝空房。」我倒情願獨守空房，也不願隨便找個伴。

浴室的格局也是由柚木架構而成。浴缸旁有一口不大不小的四方格子窗，午後斜斜的陽光穿透層層叢林，把一抹深青淡綠映現在窗戶上，猶如〈陋室銘〉中所形容的景象：苔痕上階綠，草色入簾青。

矮木几上放著當令鮮果和道地甜點，泡好一壺茉莉花茶，打開 Smart TV 聆聽音樂，任由光陰荏苒，放空自己，投入度假的當下。身處樸素簡雅的設計空間裡，揚聲器傳來悠悠深深的古琴聲，迴盪在如道觀經堂般的房間裡，經久不散。琴聲剛好配上南宋普庵禪師所著的《普庵咒》，自有一股淡淡的古早韻味。

這棟老房子不失為一個調素琴、閱金經的理想淨地，無絲竹之亂耳、無案牘之勞形。沒有金漆木雕大門，也沒有雕梁畫棟，到處只見古素樸拙的原木體系家具——從衣櫃到化妝臺——彷彿沾了一股靈氣般。所謂「山不在高，有仙則名。水不在

上：泳池別墅

左上：草色入簾青的柚木浴室

左下：如道觀經堂的室內空間

Monet
Monet

深，有龍則靈。」這老房子該是聚集了天地靈秀之氣！屋不在大，有氣質則雅。

阡陌上的與世無爭

木屋別墅之間，盡是如波浪般一捲又一捲的新綠秧苗，茫茫千頃，氣象萬千，汗水潸潸的農民正趕著幾頭壯碩水牛。雨季期間的稻禾更加青翠亮麗，隨著季風飄動，綠波粼粼，帶有幾分「綠樹村邊合，青山郭外斜」的詩情風韻。

水田平整清淺，像一面明鏡，間雜著水光舞影，映照著湛藍的晴空和低矮的山巒。山光西落，池月東上之際，也沒有蚊蟲之憂。稻禾間傳來如雷貫耳的蛙鳴，趨近細看，赫然是成千上百體積不及一英吋的草蛙，正在鼓動雙腮盡情歡唱。晚餐後在田埂阡陌上幽然漫步，靜聽天籟，情境離「邀我至田家，把酒話桑麻」不遠矣。

幾處淺溏上，可以看見一叢叢怒放的白蓮，暹粒是佛教古國，蓮花因而視為上乘供品。吳哥窟周邊的城池，皆覆蓋著如浪般的蓮花。酷愛畫蓮的法國印象派大師莫內，在自家的花園裡也種滿了各式各樣的蓮花。每天晨早，尤其是光線特別好時，他會提著畫板和顏料，呆坐在花園裡一整天，從早上畫到傍晚，細心觀察光線在蓮花上的演變，有時甚至用了一個月的時間在畫布上反覆磨蹭。

有藝評家指出，莫內深受佛教思想感染，畫的不只是表面上的蓮花，他內心深處一直想表達出俗世的無常與人心的無明，還有一心渴望的覺悟。我猜想，莫內該是領會了古人所說「萬物靜觀皆自得」的話語。放下自我欲求，靜觀大自然中的因緣

克洛德・莫內
Claude Monet
1840～1926
法國畫家，印象派代表人物
擅長光與影的表現技法，對色彩的運用相當細膩

上：田埂阡陌上的新綠秧苗
下：別墅猶如一般民居農舍

聚合，無論一草一木、一花一葉，自有一份天道無私的美呈現。

稻田邊陲上的 Spa Temple，也有一朵朵盛開的蓮花，以精巧細緻的石雕呈現在岩壁上。外觀仿效古吳哥寺廟之設計，內有七棟理療室，也全是木屋造型。

療程的養生概念取自當地農夫和漁民的生活習俗，拜其乾燥氣候及陰溼地氣，痛風之症異常普遍。用加熱的辣木油塗抹全身，以山竹、椰子、蘆薈、葉綠素和野蜜的混合膠狀物，敷在全身關節處；再以一大片芭蕉葉覆蓋著背部，讓這些傳統食材發揮熱能引導血氣循環而收奇效。

我的理療師名叫奇瓦，在水療館中算是手藝最精湛的；個子嬌小，力道卻不小，笑起來兩個淺淺的酒窩映現在黝黑的臉蛋上。好萊塢國際影星安潔莉娜．裘莉在柬埔寨拍攝《弒父》時，就下榻於綠苑度假村。趁著沒有拍片的空檔，她會悄悄叩訪水療館。無獨有偶，奇瓦的父親正是在高棉大屠殺中喪命，對於影片中的故事情節，他理應感同身受。

高棉大屠殺已經過了四十年。每天朝旭未露前，奇瓦起床後的第一件事，就是誦經迴向給罹難的父親。他的父親生前是一位演藝出色的傳統舞蹈家，來自峇答蒙小鎮，也是大屠殺中首當其衝的藝術文化工作者，其中還包括教師、畫家、音樂家、建築師、作家和戲劇演員。

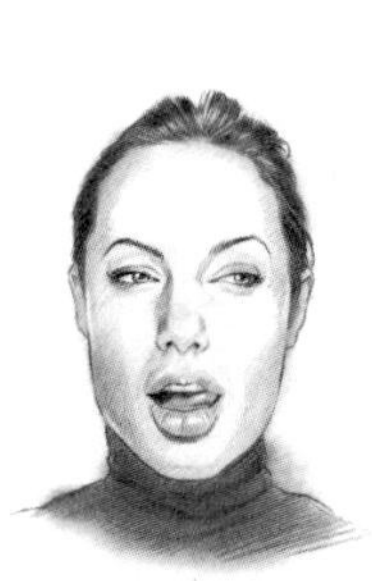

安潔莉娜．裘莉
Angelina Jolie
1975～
美國著名女演員、慈善家、社會活動家，聯合國兒童親善大使

上：Spa Temple入口大門的石雕蓮花
下：蓮花是供佛上品

生活，就是回歸極簡

一九九二年柬國開放，許多流亡海外的高棉人紛紛返鄉回國協助戰後重建的工作。臺灣雲門舞集創辦人林懷民先生當時也受邀到柬埔寨幫助遭受戰亂蹂躪的孩童，以傳統舞蹈和靜坐做為心靈輔導。

綠苑安排我出席一場當地口碑不錯的 Phare 雜技團演出，也結識了好幾位從峇答蒙北上謀生的團員。聽說電影《弒父》的拍攝地點就在峇答蒙，一個布滿老建築的典雅小鎮，那裡也是安潔莉娜所領養的長子之出生地。

從暹粒到峇答蒙需要四個小時的車程。三百萬人口的純樸小鎮，保留了上百棟法國殖民時期的老屋子。我按地址找到了一棟剛滿百歲的木屋，斑駁的外牆原來是用糯米、黑糖、稻梗和檸檬所造。聽主人說此做法能有效吸收熱氣，常年讓屋子保持涼爽舒適，而且歷久不朽。這棟高齡木屋和我在綠苑度假村所下榻的同出一轍。

回想當初潔爾婷設計綠苑時，不也同樣本著回歸到生活的根本為建築藍圖。時下風行的室內設計風格往來交迭，不斷推陳出新。對她而言，唯有回溯到最基本的原點，回歸到最原始、最平凡的層面，才能找到真正的生命！

綠苑的餐飲標榜自給自足，現採現煮的極簡美食。米飯來自度假村內的稻田，瓜果蔬菜和香料植物也是自家栽種。我們不常思考的，是多數食物背後的「萬里長征」。每星期吃一次的紅莓，有可能旅行了四千多英里才來到你的盤子上；一根根法國蘆筍，極可能寫下一萬英里的航空里程紀錄；而你口中含著的智利葡萄，或許

上：理療師奇瓦和他的獨家療癒處方
左上：水療館大廳
左下：理療室仿如峇答蒙的老屋子

已經長途跋涉了二萬多英里。

所謂「新鮮食物」，通常旅行了成千上萬英里才抵達超市。也就是說將食物弄到餐桌上所花費的能量，經常高於我們吃這些食物所獲得的能量。一想到這，就令我倍感欣慰，在綠苑吃的那幾餐，該為綠色環保盡了一點心力。

菜單上的佳餚美饌都保有食材的原汁原味。合我口味的有鮮烤時蔬、迷迭香馬鈴薯、鱷梨柚子沙拉，以及用芝麻菜和百里香烘焙的披薩；連鬆脆全麥麵包的沾醬，也不用牛油或美乃滋，而是純手工的椰菜花泥和南瓜泥，教人齒頰留香。

西方漢學家麥可．薩索（Michael Saso）博士在《道家食譜》中也有一道菜和綠苑的很神似：將豆腐切成一口大小的方塊，用蔬菜油煎至金黃，瀝乾油置於一旁備用。將青蔥切碎爆香，加入醬油、薑絲及辣豆瓣醬續炒兩分鐘，拌入豆腐與醬料混勻，再拌入生胡蘿蔔片和菱角，即成一品人間美味。

七○年代初期，還沒有幾個西方人知道豆腐是什麼東西，甚至連最粗淺的概念都沒有。長久以來，美國一直是世界上最大的黃豆生產國，然而豆腐這種黃豆食品卻被美國人忽視了這麼久，可見他們對於飲食料理的講究遠不及東方人。

直到《豆腐之書》出版後，美國人才趨之若鶩。隨後出版的《味噌之書》和《醬油之書》，才讓美國人對黃豆另眼看待。

豆腐之所以能成為西方家喻戶曉的食物，威廉．夏利夫（William Shurtleff）與日籍妻子青柳明子功不可沒。曾經負笈日本研習禪坐及禪宗料理的夏利夫，為了讓更多美國人放棄肉食並改用素食，才振筆疾書，陸續寫出這幾本黃豆食品叢書。

原汁原味的有機食材乃自家生產，環保又健康

綠苑的兩家餐廳 Hang Bay 及 Bay Phsar，網羅了許多失傳已久的古早食譜祕方，菜單上不乏美味可口的有機蔬食。從自家農田採收、清洗和烹調，各類色彩奪目、垂涎欲滴的菜式，像是一個夏豔盛放的花園，出現在原木餐桌上。

這讓我想起法國大廚亞倫．帕薩德的素食料理。一般菜單上，蔬菜瓜果只是配角，做不了餐盤上的主角。但帕薩德的巧思不但讓蔬菜成了招牌，而且憑著獨創新意，一盤盤經典菜餚早已跳脫出果腹充飢的框架，幻化為老饕力捧的藝術盛宴，還連續二十三年勇奪米其林三星殊榮。

走進歷史風景裡

從酒吧的陽臺上俯瞰，不規則的無邊際泳池被一大片深綠的稻海吞沒。猩紅晚霞覆蓋整個度假村，餘輝映照在漣漪池水中。

我啜了一口香茅琴酒，闔上雙眼，感嘆綠苑主人的用心；在一塊二十英畝的不毛之地，移植上千棵樹，種下無以計數的稻田，蓋了四十五棟木造老房子，並以道地文化及佛教思想為其設計涵養。

走進綠苑，就等於走進柬埔寨人的歷史風景裡。

臨別前夕，我體驗了一場高棉人逢年過節必行的傳統潔身習俗。整理好行李，走出木屋別墅，已見一莊嚴老僧盤腿趺坐於木亭中。旅館員工示意我趨前，雙膝著地，雙手合十，頂禮膜拜。

亞倫．帕薩德
Alain Passard
1956～
米其林三星餐廳L'Arpege主廚
以「非凡的形、色、味」形成一種「食尚」，被法國人譽為蔬食之神

上：會說法的葉子
左：Hang Bay和Bay Phsar的菜單不乏古早食譜祕方

老僧口中嗡嗡作響，誦念著巴利經文，邊念邊舀起滲有蓮花瓣的一甕水，徐緩有序地淋在我頭頂上，頓時一股清涼猶如甘露灌頂，掃除擱在心頭上的愁憂陰翳。

早前在床邊的木几上，瞥見一個玻璃相框，裡頭裝著一片剛摘下的菩提葉。想必隨著時間流逝，葉子也會說法，示現無常的教義。已經記不清楚在哪裡聽過的一首歌，曲末幾句，琅琅上口，當是「無常」的最美詮譯。

從生到死有多遠，呼吸之間
從迷到悟有多遠，一念之間
從愛到恨有多遠，無常之間
從古到今有多遠，笑談之間
人生是多麼無常的醒來！
人生是無常的醒來！

酒吧內的古雅布置有「邀我至田家」之氛圍

綠苑度假村 Phum Baitang
地　址｜Phum Svaydangkum, Sangkat Svaydangkum, Siem Reap 17000 Cambodia
電　話｜+855-063-961-111
電郵信箱｜contact@phumbaitang.com
網　址｜http://www.zannierhotels.com/phumbaitang/en/
造訪時間｜2017年4月
房　號｜Terrace Villa 22, Pool Villa 10

跟著魯賓遜漂流去

Soneva Resorts, Baa Atoll, Maldives

索尼瓦度假村

巴亞群島，馬爾地夫

終極的奢華不在曼哈頓頂層豪宅、私人飛機艙、保時捷跑車、高檔俱樂部或米其林三星餐館內，真正的奢華是找到一處避世的歸隱之地和享用不盡的悠閒寧靜。沒有人山人海的景點，沒有人滿為患的餐廳或咖啡廳，更沒有入口處的長長人龍。只有綿延不絕的野灘、蔚藍的海天一色、搖曳生姿的高低椰林和不小心經過的白鷺和海豚。這個與世無爭的天堂海島，只訂下一個條規，連最難侍候的大牌明星也乖乖入鄉隨俗。

無論是流行樂的天王天后，瑪丹娜（Madonna）、保羅・麥卡尼（Paul McCartney）、碧昂絲（Beyoncé）；抑或是好萊塢影帝影后，威爾・史密斯（Will Smith）、凱特・溫斯蕾（Kate Winslet）、愛德華・諾頓（Edward Harrison Norton）、蒂妲・史雲頓（Tilda Swinton）；甚至是足球明星大衛・貝克漢（David Beckham）、名廚戈登・拉姆齊（Gordon Ramsay）、名模麗芙・泰勒（Liv Tyler）、知名企業家理察・布蘭森爵士，任何抵達索尼瓦度假村的客人，一律都得脫鞋「赤腳」進入海島，直到離開度假村才獲准穿回。

五星級的赤腳哲學

「單純光著雙腳接觸沙灘、草坪、石道或度假別墅內用再生木打造的地板，就是進入慢活的最佳模式。」索尼瓦度假村創始人索努（Sonu Shivdasani）和瑞典籍妻子伊瓦（Eva Malmstrom）如斯闡述：「光腳接觸地表不只讓你更加體驗大自然質

理查・布蘭森
Richard Branson
1950～
英國維珍集團董事長，被譽為「最不按常理出牌的領導人」

上：國際名人爭相入住的天堂海島
下：專供貴賓賞日落、品香檳的私人小島

感，尚能讓體內負靜電得以透過地表排放出來，幫了身體一個大忙，完成重要的排廢工程。」

索尼瓦（Soneva）度假村品牌乃夫妻倆的名字 Sonu 和 Eva 的結合體，而 Fushi 則是馬爾地夫當地語「島」的意思。索尼瓦芙西（Soneva Fushi）還未落腳馬爾地夫前，當地多為招待背包客和潛水者的民宿。出身豪門的索努和伊瓦看好馬爾地夫的潛力，於一九九六年打造了一座旅人慣常思維難以想像的奢豪度假村。以簡約時尚及環保理念重新定義奢華旅居，吸引了全世界的旅客！

島上別墅錯落有致，低調地藏身在青翠姍姍的雨林和海洋之間，以大自然為籬，設玻璃為牆，採取與自然共生的環保設計，並截取一段私人限定的海灘，僅有一條林間祕徑進出，隔絕外界的塵囂。別墅外觀的設計靈感來自英國小說《魯賓遜漂流記》的故事背景。從蓋著荒草的別墅，到陽臺上不做任何修整的原木欄杆；從室內的裝飾氛圍，到每一樣小工具，都充滿童真與野趣。島上的私房管家，個個暱稱為 Mr. Friday，名字也是取自小說中的人物。

我入住的別墅屹立於島上面西的海岸線，四周環繞著聯合國自然生態遺產的美麗珊瑚礁，放眼望去盡是鬱鬱蔥蔥的草木、嶙峋怪狀的岩岬和寶藍色調的印度洋。和暖日光映出島與天的澄藍，毫無陰翳的快意，一洗浮生積鬱。

推開沉穩內斂足有十公尺高的原木大門，立刻感受到溫暖木質調挑高迎賓空間的氣宇非凡。觸目所及是一室極簡，毫無贅飾。偌大的客廳擺著一組寬闊的U型橘色沙發及一張巨型柚木咖啡桌。奪人目光的木造吊燈，宣示一種不羈的自信，刻意

上：以木打造，以樹裝飾，連刺蝟也是用椰子纖維雕刻而成
左：別墅隱藏在蓊鬱森林內，海岸線外環繞著珊瑚礁

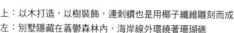

刷白留舊的質感，更有一種對世間常理渾不在意的瀟灑。索尼瓦芙西希望帶給旅人的並非消極的避世，而是洗滌蒙塵的感官之後，重拾對世間萬物的敏銳度。

主臥房置於閣樓上，室內格局以大面積的再生木營造出拙樸又秀雅的觸感。空間以舒適自在為準則，混搭木頭、亞麻布、羽絨寢具等材質，選用高級有機棉與嫘縈的柔軟織物，打造出慵懶、簡單、隨性又不失奢華的氛圍。私人衛浴和工作檯左右並陳，睡床前方則是一整片明淨的落地玻璃牆，海景成了一幅框起來的畫作。煙波浩渺的印度洋，隨天候陰晴變幻出寂寥的山光水色，四時流變，不止息的靈動之美。從臥室延伸出去的木造陽臺，放有一張可以八人圍坐的半圓形沙發。在一般度假飯店，這樣的空間已經算是一個房間的尺寸了！

樓梯下隅是個廚房，備有不少於五百種嚴選佳釀的酒單。書房毗鄰客廳，牆壁上嵌滿玻璃和以朽木紋理為設計概念的裝飾藝術。書房外有個人行木道，通往另一間隱藏著露天浴室的客房。二、三隻用椰子纖維雕刻而成的刺蝟匍匐在門口處，造型可愛生動，又方便實用。只要往它們身上踩一踩，即可篩掉沾在腳底下的沙粒。

別墅的外隅以椰林遮陽築蔭，高低肥瘦不一的椰影，交錯在泳池、吊床、日光椅、鞦韆和涼亭上，構織出一組由詭譎光影變化而來的葛拉斯《第八舞曲》（Dance 8）。從泳池再往外走，就是個人專屬的銀白沙灘和寶藍海洋。炎炎午後，宜躺宜坐，或茶或酒，慵慵欲睡。更享受的，莫過於仰臥在泳池邊的水床上，慢慢讀一本海明威文集，偶爾抬頭瞄一眼海上瀲灩波光，盡其在我的從容自得。

菲利浦．葛拉斯
Philip Glass
1937～
美國當代作曲家，簡約主義風格的代表人物之一

海明威
Ernest Miller Hemingway
1899～1961
美國記者和作家
二十世紀最著名的小說家之一

上：充滿童真與野趣的魯賓遜式建築
左下：客廳內的高挑原木大門
右下：臥房以玻璃為牆，飽覽四時流變的海景

裸食，最健康自然

風行西方已久的裸食（Raw foods）運動，在索努和伊瓦的倡導下，幾乎涵蓋了早、午、晚三餐。所謂「裸食」即未經加工和煮熟的有機食材，大量引用的高鹼活性水則能中和酸性體質。眾所周知，酸性體質提供了疾病細菌肆虐生長的溫床。

天色微亮，餐桌上擺滿了當令當季瓜果、蔬菜，提供各式各樣以在地食材為主，佐以島民式烹飪手法來襯托美味原貌的餐點。依季節更換的菜單，從餐盤上即可看出何地、何時的節氣。全天候免費提供的巧克力和雪糕，讓度假的旅人無時不耽溺在甜滋滋的幻覺中。

午餐乾脆在有機菜園內就地取材，現採現吃。附設的餐廳與重視環保永續的在地農家合作，當日捕撈的漁獲、甜美的熱帶蔬果、嗆爽的辣椒和咖哩葉，融入道地的穆斯林料理，自舌尖喚醒五味之感。餐後，亦可實地勘察瓜果、蔬菜的種植方式，參訪規模宏大、飄著雨露的蘑菇暗房。索尼瓦標榜「從菜園到餐桌」的餐飲之道，藉此讓旅人深入了解食物鏈的相互關係，探討「You are what you eat」的反芻哲思。

美食評論家麥可．波倫在《雜食者的兩難》表明：不從超市而從自家菜園中獲取食物的滿足感，其中所包含的田園價值，都在效率與經濟成長的名義下淪為全球化的犧牲品。丹麥的超級市場正在實驗，在肉品的包裝上加第二道條碼，刷了便馬上出現飼養這份肉品的農場，以及這隻動物的遺傳特性、所餵的食物與藥品、宰殺日期等詳細資料。這些趨勢足以說明現代人的餐飲方式正面臨顛覆性轉變，人們對於

麥可・波倫
Michael Pollan
1955～
美國作家、行動主義者、新聞學教授、哈佛大學寫作班教授

上：Out of the Blue專攻日式料理
左下：索尼瓦倡導裸食餐飲
右下：從菜園到餐桌，品嘗就地取材的鮮美滋味

盤中的食物從何來、往哪去產生了巨大的興趣。

島嶼上的晚餐熱點，非 Fresh in the garden 露天餐廳莫屬！由吊橋步道和懸浮餐席組構，凌駕於有機菜園上空，像一座擱在樹頂的空中餐廳。入夜後的雨林剪影成了餐廳最動人的壁畫，鳥吟蟲鳴聲縈繞不絕。趁著夜色正美、酒餚正香，讓旅居島上的米其林星級名廚，精心呈獻一道又一道的拿手好菜。日本健二久騰（Kenji Gyoten）、法國布諾·歐吉（Bruno Oger）和史奎爾（Christian Le Squer）、德國蒂姆·勞厄（Tim Raue）、英國湯姆·艾肯（Tom Aikens）等大師級的揮灑之作，早已俘獲國際級老饕的心！

佳釀珍饈並非晚間唯一的高潮。座落在餐廳旁的天文臺，可是全亞洲獨一無二的觀星勝地。透過高倍率望遠鏡感受星海流光，觀賞億萬星子的浩瀚螢光，匯集成繁星點點、橫互穹蒼的璀燦銀河。在沒有光害的海島上，澄淨的夜空上演深邃奧祕的宇宙奇景。有幸親睹木星半透明的曲線，以及環繞土星的耀眼光環，令人慰懷。

索尼瓦芙西還設有專攻日式料理的 Out of the Blue 餐廳和當地首間祕魯料理餐廳 Director's Cut，並有一座能品酒、看電影，浮在海面上的小劇院 Cinema Paradiso，感受不同的微醺時光。大銀幕從月光粼粼的海上一躍而起，音響透過藍牙耳機傳送給觀眾，以確保附近的海域不會被噪音干擾。駐島經理打趣說：「每年都有成群的海龜上岸產卵，為了不侵犯『當地客人』的隱私，索尼瓦嚴加管制島上的聲浪。」

右：米其林星級的揮灑之作
左：Fresh in the Garden像一座擱在樹頂上的空中餐廳，可供賓客觀賞星海流光的天文臺位居餐廳旁

治療人心的夢幻小島

索尼瓦芙西同樣也是孩子們的天堂。新推出的 The Den 兒童俱樂部裡設有海盜船、泳池、無酒精吧檯、樂高玩具室。小朋友還可以坐上傳統多尼船出海看海豚、賞日落。這裡還設立了馬爾地夫群島上唯一的玻璃工作室，確保島上每個廢棄的玻璃瓶得以重生，變成晶瑩剔透的玻璃藝術品。我花了兩小時專心致志的創作品，真的讓我帶回家收藏。

島上的 Six Senses Spa 獨創頌缽療程，以不同聲音頻率舒緩人體氣場，配合香草、橄欖油及礦物等在地元素設計的療癒配套，在身體極度放鬆下發揮音療的究極作用！健康的氣場通常具有六千二百至七千八百萬赫茲的頻率，而疾病始於五千八百萬赫茲。科學家還發現，一杯咖啡能在三秒內將一個人的頻率從六千六百萬赫茲降低到五千八百萬赫茲。可見得正面思考和飲食習慣足以影響一個人的氣場能量。

我也受邀入住索尼瓦旗下另一家最高等級的水上度假村，如夢幻樂園般的索尼瓦賈尼（Soneva Jani）。整體感覺只能用一個字形容：Magic。完全不信有魔法這回事，卻以《哈利波特》一舉成名的英國作家 J.K. 羅琳，對索尼瓦品牌的痴迷擁護不會輸給其他明星粉絲。走遍全世界恐怕再也找不到一家旅館的主臥房，能夠讓人輕鬆自在躺在床上觀星探月，完全只靠一個遙控按鈕，即可打開007龐德式高科技「伸縮屋頂」，而且還裝了降雨探測器，可以感應空氣溼度而在下雨前自動關閉屋頂，絕無成為落湯雞的後顧之憂。

上：潛泳追海龜、乘船看海豚，再不，躺在水上吊床什麼都不做

左上：和天文學家同席享用晚餐

左下：浮在海面上的小劇院

MEADE

坐臥床間，眼前的落地觀景窗捲起一浪接一浪的海潮，彷彿湧入房間裡來，教人猝不及防。浴室內的玻璃地板，可邊刷牙邊品賞從水底下游過的小鯨鯊。爬上二樓的客房，一眼盡收僅有二十四棟別墅的索尼瓦賈尼。一般的水上別墅旅客下海時，不是走就是爬下去。在這裡大可坐著水上滑梯，直接投入印度洋的懷抱。沒錯，這不是夢話，也不是水上遊樂園，而是一晚房價高達九千美元的水上度假別墅。

索尼瓦賈尼的雙層水上別墅引來全球熱議，甫出道即被CNN列為全球最值得叩訪的新生代旅館，也屢獲ROBB Report年度最佳旅館大獎、Mr & Mrs Smith性感臥房設計獎、英國《TATLER》雜誌最具性格品味旅宿等殊榮。島上百分之八十一的廢棄物通過「Waste to Wealth」再生回收，環保永續的概念也為索尼瓦奪下綠色旅宿的獎項肯定。

落日西沉，乘坐私人遊艇看海豚、賞夕陽、品香檳。皓月初升，和天文學家同席用晚餐、觀星辰、聽典故。破曉時分，躺在自家沙灘上盼日出、品香茗、吟古詩。炎威午後，跟隨海洋生物學家潛水樂、追海龜、訪珊瑚。用雙眼靜觀宇宙，用雙腳感受大地，不拘一格，隨興所至，即是索尼瓦所謂的「奢華漂流記」。

索尼瓦度假村 Soneva Resorts
總部地址｜19/F Two Pacific Place, 142 Sukhumvit Rd., Bangkok 10110 Thailand
電　　話｜+660-2631-9698
電郵信箱｜mail@soneva.com
網　　址｜www.soneva.com
造訪時間｜2018年9月
房　　號｜Soneva Fushi Villa 70, Soneva Jani Villa 1

上：附有水上滑梯的Water Villa
下：看海的日子最奢侈

最接近神靈的庭園

曼塔帕度假村

Mandapa Ritz Carlton Reserve, Ubud, Bali, Indonesia

峇里島烏布，印尼

在旅館業中浸淫了一段時日，開始發現創意設計的背後，往往隱藏了相互依存的審美觀，也就不難理解為何建築師可以跨界和作家、畫家或音樂家合作，發揮無窮無盡的靈感泉源。

細心鑽研下，又發現無論是歐美或亞洲區域的旅館設計概念，都和八個日本的審美意識扯上關係。

微——小處著手
並——好壞並存
氣——陰陽氣場
間——空間距離
祕——隱密匿藏
素——素雅古樸
假——巧妙假借
破——破例創新

此行入住的度假村，就在微、間、素、假四個元素上大作文章。旅館的來頭不小，乃是世界頂級麗池卡登集團近年力推的 Ritz Carlton Reserve 新品牌。只要冠上 Ritz Carlton Reserve，都是最能夠展現原始風景、結合道地人文色彩、獨創美學風格的特色度假村。經由大量使用在地歷史文化元素，細緻專屬的服務品質，打造出休閒典雅的度假氛圍。

「Reserve」一字寓意深長，意即特別受到保護的園區，麗池卡登就是想讓旅客在

曼塔帕展現烏布原始風貌

上：獨創美學風格的度假村
下：結合道地色彩與歷史元素的設計

具有神祕異國文化的世外桃源，體驗精緻尊寵的度假氛圍。目前符合「Ritz Carlton Reserve」嚴峻條件的地方還真不多，全球只有三間，分別為泰國喀比的普拉灣、波多黎各的多拉多海灘和峇里島的烏布。

二〇一五年剛開幕的峇里島度假村，飯店名 Mandapa 取自梵文，即寺廟的庭園，或是通往寺廟的小道；也可以泛指印度建築體系中寺廟的柱型門廊結構。只要現身於曼塔帕度假村，馬上感受到麗池卡登不同凡響的空間營造。

假借大自然的真美

峇里島的烏布是個小而美，集繪畫、雕刻、舞蹈、音樂為一處的文化重鎮，同時也是蜚聲世界的藝術村。在這裡，世界風與婆羅門教特色相融合，潮流時尚與古老傳統互相碰撞，散發出迷人風韻。曼塔帕的建築師威爾克（Jeffrey Wilkes）大膽地結合傳統的峇里島風格與現代設計，構建出富有濃郁本土情懷的隱世精品旅館。

我循著一條曲折通幽的小徑，穿越一個類似印度教廟宇由兩尊石雕巨人守候的帕杜拉卡薩（Padurakasa）大門，人已抵達曼塔帕度假村。整體建築以寺廟的石砌柱型與門廊為尊貴的格局，營造出典雅磅礴大氣，再以左右兩邊造型優雅的噴泉為襯托。日夜不停汩汩而流的噴泉設計靈感，來自於烏布重要的印度教廟宇「聖泉寺」，其歷史可追溯到公元九六二年。傳說這裡的聖泉永遠清洌見底，還具有洗滌百病的療效。單單入口大門已經奠定了旅館的歷史地位。

右：廟宇和祭拜是員工的生活中心
上：尊貴奢華的石砌柱型與門廊
下：乘老爺車穿越帕杜拉卡薩大門外出探密

伴隨著峇里島傳統樂器甘美朗的樂聲，不知不覺中已登上建在最高點的曼塔帕接待大廳。俯瞰環顧，整個度假村以草木蔥蘢的起伏群山為景，宏偉壯觀的廟宇群鑲嵌其中，周遭環繞著一望無際的青翠稻田，背倚蜿蜒流淌的阿漾河，堪稱如假包換的完美烏布抹影。田埂上有一座供奉稻神的百年廟宇，其房頂和別墅的相去不遠，乍看之下分不清是廟宇還是別墅，我猜想極有可能是曼塔帕設計構思的最初源點。我尤喜歡早起獨遊，爬上接待大廳，靜觀東升霞光掠過山頭，平平整整地在整個度假村鋪開一片透明的黃金毛毯。

從小處著手，方成大器

梯田餐廳（Sawah Terrace）的早餐排場可謂用足心機。室內或戶外座席，處處彰顯濃郁的峇里島風情與烏布情懷。無論是裝鹽、裝糖的瓶罐，抑或盛菜、盛湯的盤碗杯碟，都是純手工細作的精緻陶瓷餐具，出自一家名叫「Gaya」的陶器生產商；且從餐桌上就能飽覽美麗的稻田、河流及熱帶雨林。

餐廳的食材依照「全天然」理念，採用的都是有機農場的食材。除了各式熱帶水果、優格、甜點和粥品之外，還提供點餐服務。特製的班尼迪克蛋加超軟法式吐司，不僅造型優美，味道也令人驚喜連連，舌尖上的早餐之旅逐味開啟。

我點的印尼炒飯源於自家盛產的稻米，炒飯以荷葉包裹，裡面有肉末、蔥花和腰果，吃起來香糯可口。配菜是印尼式沙嗲（Sate）烤肉，做法是將雞肉或豬肉串在

上：驚喜連連的舌尖之旅
左上：從最高點的接待大廳俯瞰整個度假村
左下：從梯田餐廳望出去的山光水色

竹籤上，放在開放式碳烤架上烘烤，甜鹹中夾雜著撲鼻的香料味。

裝在雞蛋殼內的奶酪，以芒果布丁做為「蛋黃」，再以稻草為配飾，別具風格的巢穴造型，足以顯現大廚的匠心獨運，教我捨不得一口吃盡。

更別具巧思的莫過於餐廳內標示食物名稱的牌子，全採用天然樹葉製成，真的不得不感嘆曼塔帕對待每一處細節的用心。

我還造訪了度假村最具人氣和極富氛圍的 Kubu 穀倉餐廳，以秀雅的竹子設計，遠看像極了村民養雞的竹簍。座席中還設有九個如絲繭般的私人包廂區，想要窩在裡面慢慢蠶食美饌，務必提早預訂。

這個露天式餐廳依偎在阿漾河畔，潺潺流水聲伴隨阡陌縱橫的蟲鳴，略帶熱帶風的潤溼空氣，令老饕們完全沉浸在大自然中。最受歡迎的餐點非「賞味套餐」莫屬，有六道式或八道式任選，主打歐洲與地中海經典名菜。

賞味套餐聽說是法國「廚皇」艾斯高菲爾（Auguste Escoffier）的發明。一八九〇年，他在倫敦開設「沙威酒店」時，遇到了許多不會點菜的貴客；為避免糟蹋他的廚藝和法國菜的精華，艾斯高菲爾想到了「Table d'hôte」的傳統，從而發明了貴精不貴多的賞味套餐。多虧他的創舉，讓我省卻點菜時所犯的錯誤和花費的時間。我大可從容自在地邊賞景邊用晚餐，度過「春宵一刻值千金」的漫漫夜晚。

烏布曼塔帕度假村的美食探索之旅並不止於餐廳內，為了讓賓客品鑑手工採摘的當地新鮮食材和精心設計的菜單，尊屬餐飲體驗（Dining Beyond）提供了各式各樣的用餐地點。可以選擇在河畔邊、水稻梯田旁或山丘上的茅亭內享用燭光晚餐；或

上：每一處細節的用心
左：穀倉餐廳依偎在阿漾河畔，潺潺流水聲伴隨阡陌縱橫的蟲鳴

是在私人別墅內來個燒烤派對，又或在香火裊裊的曼塔帕寺廟裡來一場素食饗宴。

曼塔帕水療中心築於平緩的丘地上，以林和溪為界牆。建築概念以日本的「侘寂」之美為基調，融會了峇里島民居與當代設計，細膩鋪陳了來自不同時空的生活美學。寬綽的室內格局，一式淺色系木質調，米白器物，竹木家具，浮動著沉靜氣息。緣廊和廳堂則以深淺木色區分，拉開木門，原生林的盎然綠意和阿漾河的波濤逐流一躍入眼，大有茶聖千利休所言之「美，就是我說了算」般的豪邁意境！

晨起後的第一堂身體功課，可在河畔瑜伽室幽幽度過，峇里島文化中蘊含的治癒潛能和哲學深思，會在一呼一吸中被感受與認知。隨處可見自然古樸的造景藝術，木牆茅瓦，石徑苔坪，椰林水田，營造出和諧而唯美的自然氣息。一室的淡泊怡然，在悄然凝止的旅宿時光之中，遺下回味不盡的悠長餘韻。

人與人需要距離

落地窗外，周遭的梯田與遠處的山林成了臥室內一幅最有景深的圖畫。從高處俯瞰，二十五棟泳池別墅如茅草屋般藏匿其中。

別墅之間隔著稻田，有時候隔著小溪或小丘。泡在個人無邊際泳池內，面向稻海，偶聞田間倏起倏落的鴉噪聲。此時此刻教我觸景生情，想起梵谷生命中的最後一幅畫：麥田群鴉。

那是一八九〇年七月，麥田結穗了，一片金黃。這個季節，同時有大群烏鴉在田

上：淺色系Spa質調

左上：以林和溪為界牆的水療中心

左下：稻海中的田野，成了一幅最有景深的圖畫

裡叨啄麥粒。金黃麥田，綠灰小路，紫藍天空，兩朵白雲。快速的筆觸，一筆疊著一筆，顏料很厚，沒有乾，下一筆擠壓上去，出現很多刮痕，像麥田裡竄起的烏鴉撲翅的唳叫。梵谷一生中對藝術的追求，最終在一片稻田中畫下句點。

曼塔帕的田園景致，縱然沒有那麼悲情，晨昏時刻，空闃無人之際，看雨後煙嵐，夜色薄暮，浮動於洇潤微涼的田野間，也兀自有一股淡淡哀愁直襲心頭。

巧妙的園飾格局，讓人誤以為整片田埂只有自身一人安住其中，整個室外景觀鎖定在田園山林，視野自幽暗豁然開闊，彷彿置身於一臺望遠鏡前。但是由外而內，又是另一番景致。從稻田中央放眼望去，方圓五公里內兩側藏匿了二十五棟別墅，共同分享同一個田景。

景觀設計的巧思下，製造了距離假象，在不同角度下發揮了建築奇觀，這種距離感總會給人一種遺世獨立之錯覺，也讓人與人之間保持一定的距離，減少不必要的磨擦。

泳池邊設有圓桌躺椅，入夜後燃起一小方溫暖篝火，在星空下愜意點一份自製煙燻起司佐紅酒，獨享夜間小酌，在一片靜謐之中，邀請隱於月色中的群山對飲。

找回生活的樸素質感

占地十四英畝的曼塔帕度假村可謂地廣房稀，只有區區三十五間套房及二十五棟泳池別墅。別墅依照景觀不同而分成山林景、稻田景及河谷景。每棟別墅約為

右：水牛耕田的自然景觀
上：坐擁稻田景觀的泳池別墅，緬懷梵谷的最佳場所
下：德格拉郎梯田

一百三十坪左右，確保旅客擁有私密舒適的開闊空間。

度假村沿著阿漾河而建，和烏布山區的地景風貌融合在一起。在一般峇里島的聚落裡，廟宇和祭拜是村民生活的重心，也就不難理解為何曼塔帕的庭園裡，也保留了一座可舉辦祭祀活動的百年廟宇。每個月大小節慶活動，員工都會在這裡祝慶。

別墅臥房的布局，盡情揮灑峇里藝術文化，把優雅奢華大器展現出來。進門先入眼簾的是一整面牆的壁畫，每棟別墅臥房的壁畫各有獨特的繪畫風格，且都是最能反映烏布或峇里島人民生活場景的代表畫作，全來自當地藝術家之手。

半開放式的臥房格局，創造光、風、影的迷人空間！元素靈感取於自然、用於自然，並採用可持續環保建材，與周遭綠色環境完美融合。走進浴室，發現洗臉盆是原木訂製，配上紅銅水龍頭多了一份溫潤質感，沒有臆測到連洗個手都提醒著自己的所在地點，一個綜合原始大自然與虔誠文化的小島天堂。

印象猶深的，就是卡在衛浴及臥房間的絕美大浴缸了。浴缸後隅有個長形落地

上：別墅套房內的壁畫出自當地藝術家之手
下：河谷景和山林景的泳池別墅

窗，飾以掩映成趣的綠植園藝，躺在浴缸裡慢品慢嚐用悉心設計的竹勺泡出來的焦糖太妃茶。Heaven can wait……學學鬼才名導伍迪・艾倫，不重要的瑣事就先擱置一旁吧！

「修身養性、親近自然」貫穿於整個曼塔帕設計。臥室內的床頭上，有扇可以隨意打開的窗戶，窗外則是山光照檻、叢林密箐的熱帶景觀，引景入室的設計手法發揮得淋漓盡致。錯落稻田、潺潺河水、沒有圍牆的束縛，身心和自然盡情交融。聞稻香、聽水聲、任暖風拂面、陽光照耀，流露出歸隱田園的恬淡，享受曼塔帕獨有的悠哉閒哉慢生活！

透過專職的 Patih（管家），提供全天候個性化服務，無微不至的體貼呵護教人感動至極。特地為我量身定製的休閒活動，包括乘坐一九四一年出產的福斯經典款式老爺車暢遊峇里島上的德格拉郎梯田、卡威山神廟遺址、聖泉寺和貓屎咖啡園。

義大利時裝界的天之驕子喬治・亞曼尼對於奢華曾經下過一個注解：奢華代表的不是金錢，而是人們對生活細緻而敏感的體會；它不需要引人注目，但一定要經得起時間的考驗。

挑高的傳統別墅屋頂、斑駁的外牆和梁柱，流露出時光刻鑿的素雅古樸。梯田景觀和別墅的空間距離又製造了假借真景的巧思。甚至在服務與品質上——無論多麼細微——都體現出麗池卡登的用心。不管是建築格局、風土民情、空間氛圍、美饈佳餚、專寵服務、套房設施，或者只是單純的慵懶放空，擁有四大審美意識的曼塔帕度假村，是個令人不自覺想慢下腳步的地方！

伍迪・艾倫
Woody Allen
1935～
美國電影導演、編劇、演員、音樂家
以速度飛快的拍攝過程與數量繁多的電影作品著名

喬治・亞曼尼
Giorgio Armani
1934～
義大利時裝設計師，曾獲得多項國際設計獎。除服裝外，也進軍家飾、花卉、書店、巧克力、化妝品、香水和飯店

泡在浴缸裡，單純的慵懶放空

曼塔帕度假村 Mandapa Ritz Carlton Reserve
地　　址｜Jalan Kedewatan, Banjar Kedewatan, Ubud, Bali, 80571, Indonesia
電　　話｜+62-3614792777
電郵信箱｜reservations.mandapa@ritzcarlton.com
網　　址｜www.ritzcarlton.com
造訪時間｜2017年11月
房　　號｜Rice Terrace Pool Villa 12

CHECK IN 2

慢活建築
Slow Space

5. 有一種感覺叫回家

居家坊，斯德哥爾摩，瑞典
Ett Hem, Stockholm, Sweden

6. 原始森呼吸

吉臥林，帕羅河谷，不丹
Zhiwa Ling, Paro Valley, Bhutan

7. 聽見未來

響樂旅館，阿姆斯特丹，荷蘭
Conservatorium, Amsterdam, Netherlands

8. 在巴坦遇見挪威

古宿尼房，巴坦，尼泊爾
Cosy Nepal, Patan, Nepal

有一種感覺叫回家

居家坊

斯德哥爾摩，瑞典

Ett Hem, Stockholm, Sweden

義大利首都羅馬甚有氣勢，是一種史詩般蒼老的遠年陳設；巴黎也有氣勢，是一種熱情高雅的文化聚會；倫敦也有氣勢，是一種繁忙有序的都市風範。

瑞典首都斯德哥爾摩與它們截然不同，隱隱然迴盪著一種讓人不敢過於靠近的奇特氣勢。

我之所指，非街道、非建築、非景觀，而是一種躲在城市背後的縹緲浮動；看不見、摸不著、聽不到，卻是一種足以包圍感官的深層次體驗。

二〇一四年，我受邀在 TEDx 分享「不帶地圖的旅行」，鼓勵旅人走出慣性思維和舒適圈，藉由迷路讓主觀倒向客觀，利用身體每一個感官去試探每條路的可能性，打開心胸接受發生在路上的一切。

尋訪居家坊也成了一次奇境羈旅，耗費不少時間，且完全不用 Google 地圖導航。一路探索詢問，找到旅館時，我也摸清了整個城市的輪廓面貌。

老房子的前址為中國駐瑞典大使之寓所，建於十九世紀末。旅館取名為居家坊，流露出孤芳自賞的清高雋雅。打開木柵大門，一個小而美的開放式庭園展現眼前，鬱鬱蒼蒼，落花片片。閒坐石几間，氣霧煙嵐瀰漫，格外蕭疏淡遠。

用自己者，忘自己也

由於是住宅格局，接待大廳沒有一般旅館的壯觀大門。爬上幾級石階，推開一個典型歐式木門，毅然安抵居家坊的大廳。

上：綠植的擺設體現出設計師的敏銳力
左上：小而美的開放式庭園
左下：百年工藝時代的老房子外觀

住宅空間的侷限，再加上傳統老民宅的建築限制，實難推陳出新。旅館主人不安於現狀，重金禮聘英國設計師伊爾斯前來助陣，甫入接待大廳已甚有看頭！

既然是一個家，伊爾斯就不把它當旅館來設計。接待櫃臺乾脆用一張長形古典桌取代，除了一臺蘋果筆記型電腦外，桌面上盡是賞心樂目的擺設小品，乍看之下極有可能是主人家的稀世珍藏。窗戶邊也擺滿了各式盆栽和小飾物，從擺設的角度可以揣測出設計師對綠植與配件的明察秋毫。

走出接待大廳，置身於另一客廳，也是一派高貴大氣的布局。家具燈飾皆由品味獨到的伊爾斯親手挑選。近落地窗處有一架史坦威鋼琴和電子吉他，任由一時興起的房客隨意彈奏。另一視覺焦點座落在客廳的大書架，一體成形的灰漆結構，與整個木製軟件客廳暖色基調相互映襯，更營造出剛柔並濟與簡約時尚的休閒空間。

穿過書房的左側，通過玄關就是廚房了。空間雖小，五臟俱全，一套橡木桌椅，放滿杯盤、糕餅、鮮果的原木櫃，一大堆掛在牆上的烹飪炊具，兩位大廚正窩在裡頭作菜。房客可以在此用膳，或書房、或客廳、或庭院、或溫室；總之，想在任何一個角落用餐都行，完全符合「家就是讓人感受到舒服自在的地方」。

伊爾斯在設計界獨領風騷，風格清新，形象突出，尤其是家具和燈飾的搭配，更顯示出她的悉心戮力。她有其品味與個性特色，卻不被固定在一點。

禪宗有一句「用自己者，忘自己也」，正好點出伊爾斯通今博古的過人功力。看過她這麼多作品，我總是折服於她的善巧，每個作品明明都有她的強烈風格，可是放在一起時卻各有特色，看似相同，卻又迥然不同。

伊爾斯．克勞佛
Ilse Crawford
1962～
知名英國設計師
Maison & Objet年度最佳設計師，也是IKEA常用的設計師

上：接待大廳更像一個家
下：擁有大書架的客廳裝潢，像家一樣舒適自在

採用大自然色調

暮秋的斯德哥爾摩老城，美得像一幅貝聿銘的素描。臨水的城市天際線，水天之間一派遼闊，只剩下極收斂的和諧光色；嵌在天水之間的古雅建築群，在最後一線夕陽的反射下變成一痕淡紫和淺紅。如果把東山魁夷最朦朧的山水畫，在未乾之時再用清水漂洗一次，大概就是眼前所見之景色。

這些大自然色調全被伊爾斯用得酣暢淋漓。臥房的主調以淡彩——駝黃、岩灰、橘綠相互交錯——輕輕安撫著北歐式Hygge哲學風的家居陳設。

從西邊窗外潛入的霞光，在床榻上的蛋白色系被單外緣添加了幾分暖意。陽臺外一排排雲杉樹全都以差不多的調子熏著、呵著、護著整個臥房。伊爾斯在窗緣邊稍稍加一點酒紅和米赭的蕾絲窗布，微微襯著陽臺外的淡綠色調，平和淡漫間又有一些氣韻軒昂。

沉浸過百年歷史的大理石，成了浴室的主牆和地板。花灑下的一張古董木凳，在我洗澡的時候，一圈圈的紋理撫觸著每一吋肌膚。嵌在另一邊的淺瑰色花崗岩浴缸也不甘示弱，只要一躺入它的懷抱中，必然也得花上兩小時光景。

我在床頭櫃的書堆中發現幾本品味生活寶典雜誌《*Monocle*》，翻閱著「全球十大宜居城市」的排行榜，北歐城市占了四個，斯德哥爾摩果然不負眾望。評審標準來自各領域——政治、醫療、公共建設、教育，也涵蓋整齊美觀的街道、清潔的河流、新鮮的空氣、舒適的房子及綠意盎然的窗景。

貝聿銘
I.M. Pei
1917～2019
美籍華人建築師
現代主義建築的最後大師，代表作為巴黎羅浮宮金字塔
普立茲克獎得主

上／左：北歐式Hygge哲學風的家居陳設

《Monocle》也統整出一百家最受編輯喜愛的飯店，觀察中最具核心的就是：尋找就算只是短暫留宿，也能因完美的細節與設想周到的貼心而感受到其價值。只有十二個房間的居家坊憑其優渥條件，成了北歐旅館業的新寵，在海外一舉拿下 Mr & Mrs Smith 的最佳旅館氛圍、英國郵報的全球頂尖五十大旅館、美國《旅遊者》雜誌的 GOLD LIST 上選旅宿。

會說故事的房間

居家坊的書房像個幽深禪院內的藏經閣，令人眼花繚亂，匯集了眾多古今內外的學界好書，涉及天文歷史、人文藝術、科學地理、設計時尚等。面對著一片書海，再也找不到比時間更好的夥伴了。餐前讀一段赫曼．赫塞（Hermann Hesse）的《流浪者之歌》，餐後再續十四世達賴喇嘛《快樂的藝術》。一分一秒，一字一句，相

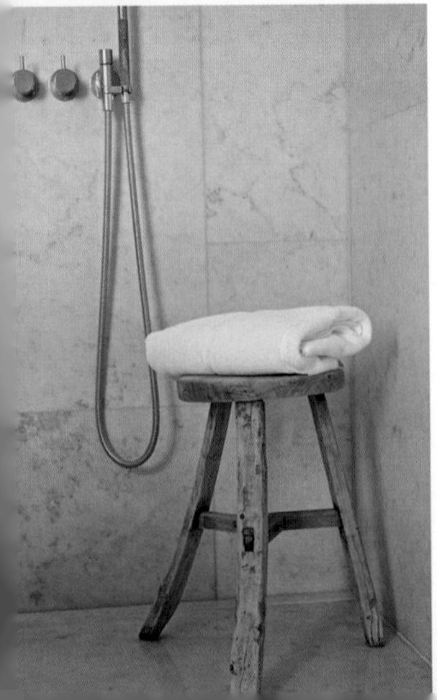

上／下：值得花兩小時慢慢沐浴，讓歲月的紋理撫觸每一吋肌膚

十四世達賴喇嘛
The 14th Dalai Lama
1935～
藏傳佛教格魯派最有影響力的精神領袖，被藏人視為觀世音菩薩的化身
1989年諾貝爾和平獎得主

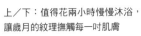

互交融，忘我忘己。

伊爾斯的新書《家是心的歸處》，她認為設計是一個動詞，不是名詞；是一種過程，而不是一門藝術。近來她剛推出為 IKEA 精心設計的家具配套，市場反應之好超乎預期。對她而言，設計過程中最大的考量不是風格，而是生活。所有設計過的空間都是為了讓人們舒適地生活其中。

房間不只是一個空間，而是一個故事。設計師的工作不是填滿整個空間，而是讓房間傾訴故事。所謂的後現代室內設計師，無非就是把房間弄得面目全非，讓人一踏進去完全認不出來一個地方原有的生命故事。

一個設計完美的客廳，要是不允許主人多放一張椅子或桌子，或是擺放一盞不同色調的立燈，或是換掉沙發下的毯子，那這個設計出來的空間無疑是自欺欺人，只能一成不變被當成一個展覽廳！

有老靈魂的麵包

伊爾斯接手居家坊的設計提案，首要任務是把建築還原到一個家的樣子，任何旅館的元素都不會出現於此。

這裡沒有接待大廳，也沒有所謂的「餐廳」或「酒吧」，更沒有泳池或健身室。想吃零食直接打開廚房的冰箱，就像住在自己家一樣，凡事自便，無拘無束。肚子餓了，可以找大廚煮幾道瑞典小菜墊墊飢，但可別忘了，菜單是每天早晨才由大

右：瑞典是全球十大宜居城市
左：樓梯一隅，盡顯設計師對燈飾點綴的講究

廚依據當日食材設計。

尤其是早餐時段，撲鼻而來的麵包香氣總教人胃口大開。烘焙麵包的香味能為家裡添點氣氛，所以常有專家建議有意售屋的人，在買主來看屋前，最好在家裡烤一條麵包。

工業化生產的麵包，添加了許多化學物質，如商用酵母、蓬鬆劑、甜味劑、柔軟劑和防腐劑，唯一被移除的成分，就是時間。傳統又緩慢的發酵工序，在製作一條好麵包的過程中是必要的。而工業烘焙加速了製作麵包的過程，是為了節省時間，因為時間就是金錢。

咬了一口居家坊的手工麵包，慢慢咀嚼讓口腔內唾液四溢，此乃測試麵包優劣的方法之一，再塗上瑞典有名的 Bregott 牛油，已是人間極味。大廚亦可依客人喜好烘焙，只需提前預訂心儀的可頌或長棍麵包，即可享受一份量身訂做的早餐。

臺灣職人麵包師傅吳寶春在自傳《柔軟成就不凡》提到：傳統的麵包師傅都是技術導向。但是要提升自己，不只要學習專業技巧，更要懂得美學。這麼說來，一個畫家烘焙出來的麵包，肯定會比一般師傅的更有味道了！難怪十九世紀法國畫家弗里昂（Émile Friant）作品中那一大輪厚殼麵包，看起來那樣令人垂涎，也就是坊間所傳說的「有老靈魂的麵包」。

右：美學的極致展現
上：菜色依據當日食材設計，包括麵包和沙拉
下：在廚房用餐，順便偷瞄一下大廚做菜的英姿

可以傳承下去的空間

外觀上，這棟一〇八歲的工藝時代老屋子，坐擁豐富輝煌的歷史。既然有美好的過去，當然也會憧憬幸福的未來，誠如居家坊女主人在旅館開幕典禮致詞時，也由衷希望這棟屋子會隨著時間慢慢優雅地變老，並且一代接一代傳承下去。

所謂的永續理念，不是把整棟房子空間打通，再重新設計過；也不是扔掉一堆舊家具，引進新一批趕上潮流的沙發、桌椅、床櫃和燈飾。

伊爾斯提倡的設計真理是：一個家裡面的所有物質元素，應該經得起時間的考驗，而非潮流趨勢；應該是可以被修復，而非全數更換；應該有其背後的生活故事，而非只是品牌和價格。

二〇〇一年榮獲諾貝爾文學獎的高行健先生，寫作時總先選好要聆聽的音樂作品，是音樂幫助他進入寫作需要的狀態和情緒，找到語言的韻味和節奏。

高行健坦言，寫作中特別追求語言的音樂性，他尋找的是一種語調，甚至常用的一些字或詞，都可以重新發現它們的美感。

對伊爾斯來說，在設計過程中找尋的卻是一種生活質感。同樣的一張床、一張椅、一張桌、一張毯，擺在不同的角度和空間，總會釋放出不一樣的視覺感受。

作家和設計師從不同領域出發，卻在同一個目的地相遇。那個目的地超乎文字，超乎形象，拒絕一切形式的表達。

高行健
1940～
法籍華裔小說家、劇作家、評論家、舞臺導演、水墨畫家
2000年憑藉著長篇小說《靈山》榮獲諾貝爾文學獎

一個房間應該有其背後的生活故事，
而非只是品牌和價格

居家坊 Ett Hem
地　址｜Skoldungagatan 2, SE-114 27, Stockholm, Sweden
電　話｜+46-8-200590
電郵信箱｜info@etthem.se
網　址｜www.etthem.se
造訪時間｜2016年9月
房　號｜Suite 2

原始森呼吸

Zhiwa Ling, Paro Valley, Bhutan

吉臥林

帕羅河谷，不丹

建於西元十世紀初的帔羅山城，平均海拔二千二百公尺，僅有的兩條大街上，稀稀落落還找得到十幾棟上百年的老房子。我在一個轉角處遇上一家經營二百多年的傳統手藝老店。店口很小，沾滿塵垢的木造牌匾擱在門頭上，寫著我看不懂的字體；一腳踩進只瞥見兩個玻璃櫥櫃，以及一張看起來有百年歷史的方形木桌，其他什麼也沒有了。

玻璃櫥櫃分上下兩排，放滿了一雙雙色澤斑斕的皮革靴子，看上去有點像楊麗花歌仔戲團員們表演所穿的那種傳統鞋靴，繡滿了五顏六色的吉祥圖騰。

七世紀佛教大師寂天菩薩曾以一雙皮靴做為精深的比喻：「與其把大地覆蓋上皮革以保護雙腳，何不只穿上一雙皮靴即可解決問題。」這段言淺意深的法語，在奉行金剛乘的佛教古國不丹，幾乎沒有一個人不知曉。這裡的子民依舊身著傳統幗服，配搭一雙精緻典雅的手作皮靴，混身上下流露一派古樸雍雅。

我這個遊逛帔羅大街的「現代人」，與當地的「古代人」擦肩而過，頓時萌生一種時空交錯的虛幻感，彷彿賈寶玉也極有可能撞上張曼玉似的。

寧靜祥和之地

選在西不丹帔羅河谷落腳，不僅主打在世界遺產虎穴寺住一晚的特色，也承襲打造原裝正版的傳統道地建築，尋求獨一無二的定位。吉臥林旅宿請來近百位當地工匠，耗時三年六個月，在祕境中造築一方遺世絕俗的隱居天地。依照不丹的傳統建

右：松林環繞，匍匐於虎穴寺下的吉臥林
上：祕境中造築一方隱居天地
下：用了三年六個月打造的宗式建築

築形式「宗（Dzong）」，以當地盛產的松木與石岩為主建材，搭建出一座如堡壘般的灰瓦石牆城樓。

高挑的屋頂梁柱空間結構與金澄澄的松木地板，彰顯了迷人的材質紋理與蝕刻痕跡；象牙色系的石岩牆壁上潤飾著手工繪製的傳統壁畫，又滿是暖暖的念舊氣息。建築的古老與內部訴求現代的設施相互加乘，營造奢華卻不造作的居住氛圍。

主建築分三層，底層為接待大廳，另兩層則分別設置五間頂級套房及會議室。以玻璃為牆，引入一山如詩如畫的仙境。遠近松林與梯田農舍、壯闊河川連綿起伏成一幅令人屏息出神的古典畫面；雲纏霧繞，光影相映，出離塵世喧囂繁雜。

吉臥林僅有四十五間套房，分布在七個建築群，外部格局規劃摹仿傳統民宅設計。二〇一八年我接下吉臥林旅宿的翻修案子，在有限的預算下為套房室內設計畫下嶄新的一頁。以松木和橡木打造的房具，襯托從寺廟請來的工匠所繪的壁畫和當地畫家TWINZ的絢麗油畫；加上手工製毛毯、墊套、木雕、木梯、漂木和黃銅壁燈的點綴，細細堆疊出不丹王國的人文底蘊，帶了點宗教情懷和唯美是圖的無爭。

以不丹的守護神烏山鴉命名的總統套房，設有傳統壁爐供添材撥火，在環山松林蕭瑟中，燃起居家般溫馨的氛圍。創辦人甚至把一棟四百五十年的柚木老廟，安在二房一廳的總統套房內，步出臥房即可登堂入殿，修身養性。

敬奉神明乃不丹人開始一天的生活程序，酥油燈和藏香長年不斷，誦經禱文此起彼落，為吉臥林旅宿增添了神祕人文素養和玄奇氛圍，深獲國家地理雜誌的青睞，而列入從全球各地甄選出別具特色之傳統旅宿名單（Unique Lodges of the World）。

充滿人文素養的木雕圖騰

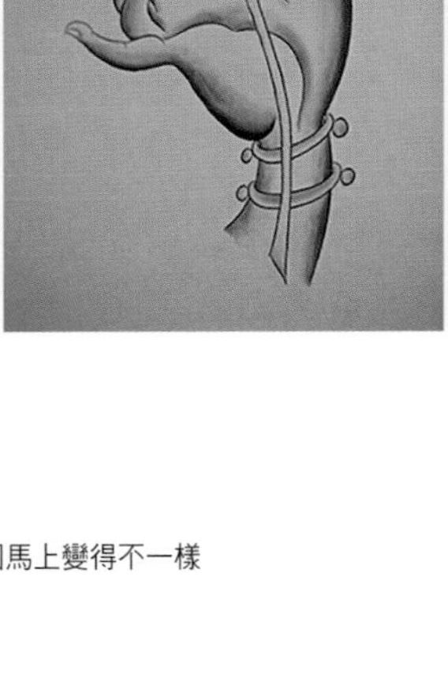

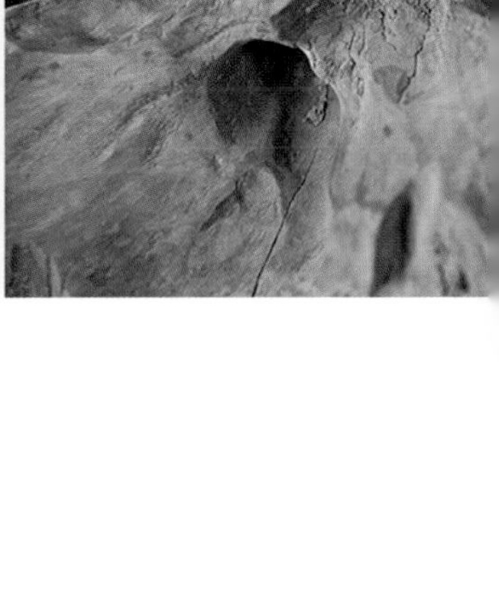

上：帶了點宗教情懷和人文底蘊的臥房
下：有了道地畫作、銅皿物、壁畫、漂木的潤飾，氛圍馬上變得不一樣

武打巨星李連杰、影星周迅、佛教學者羅伯特・楚門（Robert Thruman）與日本真子公主皆是席上貴賓。

毗鄰喜馬拉雅山脈的古老王國不丹，被譽為全球最快樂的國家，以國民幸福指數 GNH 取代國內生產總值 GDP 衡量生活品質，國境隱於山之巔、水之涯，遺世獨立，不隨風逐流。

Zhiwa Ling 在宗喀語中意指「寧靜祥和之地」，對吉臥林旅宿意猶未盡的品味人士，大可選擇旅宿「雙體驗」，入住帕羅河谷的 Zhiwa Ling Heritage 與另一座位居廷布山谷的 Zhiwa Ling Ascent，兩種空山絕谷的光景，卻是同一種生活風貌，簡單又純粹至極，以大自然涵養出豐饒心靈。

以正食養生，以大氣養神

旅宿旗下兩家餐廳供應以正食養生的純淨料理，食材取自河谷內的鄰近村鎮，也自行墾植有機香草果菜園，講究產地到餐桌零時差的百分百新鮮度。

味蕾得到了淨化，接著需要美酒才能昇華。坐在酒吧面向河谷的窗景，感受道地柔醇的 ARA 米酒液滑過喉頭，像流水般一瞬即逝，又那樣歷久彌新。

不丹人嚴禁殺生，一日三餐多以蔬食為主，在當地市集，所有供應旅客的肉類幾乎皆從印度或泰國空運進口。

愛因斯坦斷言：沒有一種東西比起進展到吃素更有益人體健康，且提高地球生命

廷布的Zhiwa Ling Ascent

愛因斯坦
Albert Einstein
1897～1955
猶太裔理論物理學家
創立相對論
1921年諾貝爾物理學獎得主

上：空山絕谷的窗景
下：陽臺外盡收山、松、河、田、谷的大自然環境

的存活機會。單在中國，茹素的佛教徒每年所減少的二氧化碳排放量為整個法國的十分之一，這可是異常驚人的比例。

而七成國土被森林覆蓋的不丹，在綠能環保上更居全球之冠，二氧化碳排放量呈現負增長。在高聳參天的森林裡，擁抱大自然的洗禮。冷冰的空氣隱約飄散著藍松的香氣，深深吸一口無處不在的芬多精，以大自然之氣養神。

《人本食氣》作者希爾頓・赫特瑪（Hilton Hotema）認為遠古時代的人類居住在高處，不食人間煙火。純淨的空氣裡富含臭氣及宇宙射線，人體吸入的宇宙物質，被稱為「生命的氣息」。然而，一直往文明進化的人類，卻在攸關生死的飲食上退化了。從食氣退化到食肉，身體功能及器官構造也隨之改變，成了滿身毒素、疾病纏身的凡夫。

英國《經濟學人》雜誌更揭露，全球大部分的汙染均由栽種糧食用的肥料，以及殺蟲劑和除草劑等化學物質造成，這些化學物質早期是為了對付戰場上的敵人而研發出來。戰爭時所發明的致命性生物武器，在沒有戰火的日子裡，卻偷偷跑進綠油油的田地上，慢慢侵襲成千上萬人口的健康。

週末的帕羅農夫市集上，販售的瓜果蔬菜完全不沾一滴農藥，純粹百分百有機農產品。反觀美國，農業每年採用的化學物質就毒殺了高達六千七百萬隻鳥類。好萊塢國際影星、奧斯卡影后梅莉・史翠普曾在國會面前作證，為禁止將亞拉生長素（Alar）這種被公認為致癌的化學物質用在蘋果上盡了一份心力。

秋訪不丹的旅人可以放心大口品嘗樹上摘下來的蘋果或杏桃；蔬菜簡單清洗即可

梅莉・史翠普
Meryl Streep
1949～
美國舞臺劇、電影、電視演員
多次榮獲奧斯卡獎與金球獎的
最佳女主角、女配角等殊榮

上：深深吸一口純淨空氣養身養神
下：以大自然為準則，從小處著手

上桌為沙拉。世界上還有哪裡的瓜果、蔬菜能讓人心無忌憚地歡享？

不丹人熱愛大自然，保護大地生態，尊崇國土內的萬物。人和動物、植物相互依存，相互信任，相互了解而快樂無憂地生活在一起！套句智利浪漫詩人聶魯達的絕美詞藻：「我要像春天對待櫻桃樹般對待你！」

無論是首都廷布、普納卡農村，抑或山城波及卡，隨處都可感受到這種祥和平安的氛圍。有一回在老街坊裡親睹一位長者把銀行卡及密碼交給其司機，吩咐他到鄰近的提款機取款。人與人之間的信任表露無遺，讓我極為感動。在二十一世紀的五濁惡世，防人之心不可無，有此畫面在一座城市裡上演，體現了人性的純樸與良善還在不丹山城通行無阻。

隨緣　隨喜　隨性

冰島音樂詩人奧拉弗（Ólafur Arnalds）曾在二十四小時內完成寫歌、編曲、錄音的創舉，連續七天推出七首單曲。二〇一六年的作品《Island Songs》，與詩人艾爾那（Einar Georg）合作的單曲，錄到第十二次才讓詩與旋律完全吻合。因為無法預測每一節詩的長度或時間，奧拉弗只能「隨緣」地同步加入即興的譜曲。

喜馬拉雅山脈中，早在九百年前就已經出現過一位即興創作的大修行人：米拉日巴尊者。從他的詩作《百千證道歌》，即可窺探尊者所經之處、所遇之人的精巧對應，釋放出悟者的智慧之光。

巴勃羅・聶魯達
Pablo Neruda
1904～1973
智利浪漫派詩人
1971年諾貝爾文學獎得主

上：以山鴉命名的總統套房，內有四百五十年的老廟
下：雕藝華美的接待大廳

在帔羅河谷的近郊，聽說有好幾個洞穴曾是米拉日巴的修行地。不丹人對尊者的教誨，充分展現在日常生活，連流行歌曲也注入了佛教經咒的元素。

曾在吉臥林旅宿巧遇藏裔歌手德芊．夏克德謝（Dechen Shak-Dagsay），她算是頗具知名度的國際性靈歌手。其夫在瑞士從醫，意外發現病人聽了德芊的歌聲後，情緒獲得舒緩，從而開啟她的歌手之路。

德芊的歌曲平易近人，充滿正能量，成名作《Shi De》專輯中有首〈獻給動物的歌〉，令人感到溫暖舒服。聽著近似天籟般的音色，就著總統套房內壁爐的溫度，靜賞水光山色；晨起看霧，夜裡觀星，遠離紛繁吵嚷，愜意活出從容時光。

歸隱大自然，慢活天地間

吉臥林占地二千平方公尺的水療中心擁有七間理療室、品茶室、禪房、室內溫水泳池、綠室及設備齊全的健身房。以藥師琉璃佛的梵文「Menlha」命名，徵引藏傳佛教文獻中的療癒元素、瑜伽、冥想、阿育吠陀療法，亦納入不丹的養生療程與熱石浴場。整個中心以環境友善工法採用木石與流水等天然素材，打造出一個全然放鬆的療癒空間。

其中以熱石按摩療法最別具心思，只嚴選帔羅宗寺下埋藏在楚河裡的岩石。當地人深信這些蘊藏天地間能量豐沛的有機礦石，擁有神奇的經咒療癒能力及不易散熱的特性，可達到深層肌肉的放鬆按摩。

右：國家地理雜誌認證的別致旅宿
上：晨起看霧，夜裡觀星，遠離紛繁吵嚷
下：以藥師琉璃佛命名的水療中心

因為舒適與靜美，在吉臥林的旅宿時光緩慢如週末日常。早膳後悠閒探索帕羅老街手工藝坊，漫遊穿鎮而過的河畔；下午茶後散步轉往鄉間小路，經過當地農家剛修飾完畢的草坪，循著綠蔭小徑來到繁花瀾漫、植被茂盛的幽深庭院，耳畔不時響起農民們用濃厚宗喀腔聊天的音調，彷彿是一曲久久不絕於耳的田園牧歌。

除了朝聖重地虎穴寺和帕羅宗寺，由圓頂瞭望塔改建的國家博物館甚值一探，亦可造訪帕羅鎮邊陲的祈楚寺，緬懷法王頂果欽哲仁波切的善行義舉。

離開吉臥林前夕，特地尋訪建於一六四九年的杜克耶堡遺址。我費了點勁爬上位居山岩上的古堡，夏仲阿旺郎傑的身影已幻滅許久，只留下漫漶不清的斷梁坍瓦和懸掛在天際的珠穆拉里雪峰。

在一棵老松下席地趺坐，靜觀自身的一起一伏、一呼一吸。無汙染的凜冽空氣入侵體內每個細胞，頓覺通體舒暢無比，這樣靜靜坐了近一個時辰，帶在身邊的午餐盒擱在一旁碰也沒碰過。

波蘭作家魏鼎（Joachim Werdin）在《原來，我還可以這樣活》中有一小段描述，極富玩味：人並非由飲食所滋養，所謂的食物其實是一種毒藥；而人之所以非得吃東西，只是因為對食物上癮。在一個人的有生之年，這種毒藥會一直毒害著他的身體，直到崩潰而亡。

原來，維持我們生命的「食物」並非先天的首選。

原來，我們只賴以空氣即可維生，甚至活得更久、更健康……

上：杜克耶堡遺址
中：近山靠水的吉臥林
下：住在不丹的羚牛最幸福

頂果欽哲仁波切
Dilgo Khyentse Rinpoche
1910～1991
西藏法王，藏傳佛教寧瑪派祖古、伏藏師，寧瑪六大主寺之雪謙寺住持

吉臥林 Zhiwa Ling
地　　址｜Satsam Chorten, Paro, Kingdom of Bhutan
電　　話｜+975-8-271277
電郵信箱｜info@zhiwaling.com
網　　址｜www.zhiwaling.com
造訪時間｜2017年10月和12月，2018年4月和9月
房　　號｜總統套房Royal Raven Suite, Takin Suite, Blue Poppy Suite, Junior Suite 14, Premium Plus 104

聽見未來

Conservatorium, Amsterdam, Netherlands

響樂旅館

阿姆斯特丹，荷蘭

設計感是時下全球大多數精品旅館招徠客人的顯著標誌，而設計的品位、風格、流派，更是判斷此類旅館精緻指數的重要指標。翻開馳名國際《旅遊與休閒》雜誌的旅館排行榜，不難發現風行天下的上好旅館，幾乎都夾著設計師或建築大師的光環。

儘管某些榜上有名的奢華五星級連鎖飯店也會依樣畫葫蘆，但考慮到飯店品牌的統一辨識度，給設計師的構思自由度往往並不高。

近年來在歐美大行其道的精品旅館卻常打破這種限制，充分發揮無以比擬的想像力，以鮮明的主題風格，追求令人耳目一新的視覺效果；並與藝術家、服裝設計師、作家跨界合作，把時尚元素融入到設計之中，體現精緻的文化藝術品位和獨具一格的人文風貌。

住滿音符的房間

一反歷史傳統建築改造旅館常見的「舊瓶裝新酒」，荷蘭首都阿姆斯特丹市區內最古老的瑞霖克音樂學院（Sweelinck Conservatorium），經由義大利首席設計師皮耶羅巧手打造，由遠處眺望簡直像一個未來主義式巨型溫室。

皮耶羅果真有一手！單是旅館接待大廳已經埋下獨創的伏筆。懷著對這座古老建築的敬意進行改造，他在哥德式舊建築群中搭建一大片輕盈又宏觀的淺色系玻璃帷幕，以交錯的鋼梁回敬典型的荷蘭外露橫梁設計。

皮耶羅・利索尼
Piero Lissoni
1956～
義大利知名建築師、藝術總監
當代義大利家具設計的領先人物，威尼斯影展視覺設計師

右：旅館外觀
左：以玻璃和鋼梁回敬哥德建築

接待櫃臺後方的一大片紅磚牆，體現出歷史斑駁軌跡的溫潤觸感，同時也打造出絲許學院風的工整大方，透過與不同材質拼貼的衝突美，讓整個大廳風景，方寸之間盡展歷史與現代並存的絕佳意境。皮耶羅透過氣氛營造與材質使用，矢志講究溫馨質感，巧妙運用木頭、皮革、玻璃、絲絨、磚牆和鋼鐵配飾，構建出整個旅館不同層次的混搭空間，塑造出強而有力的溫暖訴求。

遵循新哥德建築「內今外古」的特點，皮耶羅在內設上全部選用親手設計的經典家具，大面積線條、簡潔的暗色調陳設，配合柔和米色調與灰色調軟裝，同時零散點綴幾件造型活潑的小家飾、古董品、Franco Albini 休閒桌和 Chesterfield 沙發。期望透過質感對比、色彩對比、造型對比，激盪出空間活力。玻璃架上的瓷器、藝術品與書籍錯落有致，中央的一叢綠植在寬大空間和自然採光下，幽幽綠意注滿一室。

中庭石梯入口處的正中央圓形天頂，由上而下垂墜式吊滿了近百個造型優雅的古式小提琴；一張用石岩打造的圓桌匍匐於下，猶如承接著排山倒海傾心而瀉的創意之流。歷史與後現代在此接軌，古典與極簡完美交融，一切元素宛若紛繁的音符，交織出一曲震撼人心的絕世協奏，彰顯出旅館前址的藝術成就。

設計家筆下的荷蘭

佇立在阿姆斯特丹著名的瑞霖克音樂學院原址上，響樂旅館位居市中心的位置羨

右：不同材質拼貼出的衝突美
左：排山倒海傾心而瀉的創意之流

煞同業者。毗鄰國家博物館、梵谷美術館、MOCA 美術館和皇家音樂廳，旁邊還有奢華購物區霍夫特（P.C. Hooftstraat）大街和范巴爾勒（Van Baerlestraat）大街。旅館大門周遭就是迷人的萬德公園和喬達安街區，中央火車站和國家歷史文化中心僅數步之遙。

這棟壯觀且保存完好的十九世紀新哥德式建築，於二〇一一年底重獲新生變成了一棟豪華五星飯店，接應世界各地慕名前來的旅人。

引領我到閣樓套房的櫃臺小姐，示意趨近細看迴廊邊隅古拙樸素的牆壁，全是一片片由蜜蜂和螞蟻組合而成的典雅圖騰瓷磚。原來旅館的前址不只是音樂學院，更早期還是一家赫赫生威的大銀行，蜜蜂和螞蟻的辛勤意涵自然順理成章成為銀行的象徵。

套房樓下是休閒客廳和一個寬闊如房間般的浴室。沙發邊有一書桌，打開窗簾，落地玻璃窗呈現的是中庭宜古宜今的格局。牆上點綴了幾個藍底瓷碟，還有瓷器木屐造型的吊飾，清爽簡約的「純荷蘭」悠然主義，無需過多綴飾，自然就是最美的裝飾。

臥房設於樓上，爬上木梯只見一張暖洋洋大床，配合左右兩邊的木几和燈飾，沒有多餘的擺設擾人目光。床尾處再置入一個鬆軟躺椅，看書發夢尤宜。大面積煙燻色系的山岩牆壁鋪陳呈現鬧中取靜、沉穩不虛華的恬靜效應。以大片灰褐色系為床頭依靠，窗簾、床頭繃布及地毯均以同樣色系貫連，提供旅客最嚮往輕鬆入眠的休憩質感。原木衣櫃若隱若現，彷彿和淺米褐的山岩壁結成一體，再以老橡木地板粉

右：小而美的購物中心，飾以蜂蟻圖騰瓷磚
左：淺米褐山岩為襯底的寬闊浴室

飾整個臥房，結合石與木兩大元素為襯底。

趺坐冥思於閣樓下的沙發上，外頭玻璃天窗的自然採光恣意放大套房裡的每一個細節，蘊含著一種「隨風潛入夜，潤物細無聲」的詩韻。

夜幕下隔著玻璃天窗仰望月影星辰，雖不致於到低頭思故鄉的情境，他鄉遇故景總叫人欷歔不已。一八八八年，鬱鬱不得志的梵谷來到法國阿爾小鎮，在隆河邊畫下聞名全世界的《星夜》。我常竊想，梵谷離開荷蘭初抵法國後，煢煢然一人面對耿耿星河，對故里的親人應該是望眼欲穿，但最後還是逃不掉飲彈自戕的悲愴命運。

僅和旅館一街之隔的梵谷美術館，恰好舉辦了一場梵谷藝術研討，題為「在瘋狂邊緣」，邀請三十五名精神科醫生和美術史學家，共同探討梵谷生命最後幾年的心路歷程。鑽研的對象是最近才發現的一份醫療紀錄，詳細記載了梵谷割下耳朵後的

自然採光放大套房裡的每一個細節，
隔著天窗仰望《星夜》，感觸良深

梵谷
Vincent Van Gogh
1853～1890
受日本浮世繪影響，荷蘭後印象派畫家、表現主義先驅
畫作《星夜》、《向日葵》、《鳶尾花》等聞名於世

ELLIOTT ERWITT | PERSONAL BEST

身心狀況。我行旅法國期間，曾特地前往阿爾小鎮探究，站在梵谷畫《星夜》的視角上，企圖捕捉住他當時作畫的紛飛思緒。

據說，梵谷看到的夜空，不只是黑漆一片，用他的話來表達：「黑色裡面隱藏了太多其他的顏色！」是不是這樣的觀點和感觸，讓畫出來的《星夜》也變得較有深度和力度。

我凝眸端量閣樓套房內擺設的沙發、原木桌、燈飾、臥床、浴缸、衣櫃、木几、地毯，側耳傾聽建築師內心與空間的喁喁私語，看似個別時代和風格的家具，擺設在一起時又似乎擁有相同體系的設計概念。坦白說，一間房子的設計有沒有深度和闊度，進來住幾天就心知肚明了。

放慢腳步就對了

躲在阿卡沙水療中心獨享結合西式療法和東方傳統技法的療程後，我先來個土耳其浴，再鑽進地下室隱密的療癒夢幻泳池。光滑金屬感特殊面料純白地板與牆面大膽交融，正是建築師超高時尚嗅覺品味的另類展現！

午膳時分，我出現在大鼓，一座將東方飲食精神的心靈歸屬轉變成時尚的現代餐廳。為了追求美味升等的視覺饗宴，挑高至天花板的黑色格子展示架擺滿了大量圓竹筒，創造出禪意潺潺的視覺效應，再佐以各式杯子、書籍、古玩、幾面日式牛皮鼓。賓客一旦從容入座，立即進入精緻享受的最佳體驗。

右：阿卡沙夢幻泳池
上：Tunes吧檯
下：大鼓餐廳

午後時光，偷偷潛入杯觥交錯的 Tunes 吧檯尋訪誘人酒窖珍藏，或在 Brasserie 餐廳來個休閒下午茶。再不，旅館內有個小而美的購物中心，珠寶、服飾或雪茄、美酒一應俱全，連賓利房車也有代理出售。

我閒坐於中庭大廳，細細咀嚼大師級設計細節。想起法國設計界鬼才史塔克從不去自己設計的飯店或餐廳用餐，因為他受不了再次目睹先前所犯下的設計盲點。不知道皮耶羅是否回來過這裡？晚午的天光自然散瀉在大廳每一處角落，猶如雛菊般金黃。偶逢週末，唱詩班師徒常受邀在大廳獻藝。天籟音聲注滿了偌大的玻璃中庭，歌聲打通記憶的脈絡，古人今人彷彿在歷史原址相遇了。

有一回路經荷蘭市立博物館，碰上一位宛如金剛羅漢般的黝黑中年男子，肩膀上架著一把小提琴，一雙長滿粗繭的手，調弄著修長纖細的琴弦。不多時，優美悅耳的《D大調卡農》應聲響起。館外原先鬱悶的氛圍也活潑生動起來，原本急躁趕著回家的路人，步伐也放鬆了不少，有些乾脆停下來駐足圍觀。

遇見過去，聽見未來

古希臘認為宇宙中群星按照預定的速度運行，產生富有旋律與節奏感的天體音樂。所謂的「大音希聲」凡人無法聽到，只有頗具神性之人方可聞之。

旅居北美的諾布仁波切在二〇〇九年推出的《金剛之舞》專輯，始於他在夢境中不斷諦聽到的梵音。藏傳佛教中推崇的睡夢瑜伽，透過潛意識深度修行。當眼耳鼻

菲利浦．史塔克
Philippe Starck
1949～
法國設計師
設計界鬼才，作品廣泛，涉及建築、家具、生活用品等

上：中庭大廳細節
下：晚午是光影上場表演的時候

舌身五官在睡眠中失去主導時，靈性處於最巔峰，也是修持的最佳時機。

諾布仁波切的整張音樂專輯可以說是全在睡夢中完成，透過睡夢瑜伽的修持，他把握住最佳時機，讓靈感一觸即發。

這兩個例證恰恰說明了一個事實：心在極度自由下，可以諦聽常人聽不見的聲音。冰島歌手碧玉（Björk）在坎城得獎影片《黑暗中的舞者》那場壓軸戲，不正是利用工廠機械發出的音響做為曲調。

暫回閣樓套房，我用心聆聽房間裡任何風吹草動——木梯的咯咯聲、水喉的滴滴聲、床單的嗖嗖聲、湯匙碰觸瓷杯的叮叮聲、翻閱書本的颯颯聲。不只聽見，也窺見了藏匿在聲音裡的禪意畫面。聲音真的比我們想像中更加視覺化。

踽踽獨行在人聲鼎沸的范巴爾勒大街，川流不息的車輛從身邊擦過，經過一扇拱形石門，來到一間小修道院門前，原先的喧嘩躁鬱頓時化為烏有，靜得有如在深山的廟宇內。

回頭凝望漸行漸遠的哥德老建築身影，從一家銀行到一所音樂學院，再到一棟馳名國際的五星旅館。每一個過程都是一種醞釀，一股前進的動力，間接或不間接造就了今天的輝煌。

臺灣音樂教父李宗盛為 New Balance 運動鞋說過的那句話：「人生沒有白走的路，每一步都算數。」應該是對響樂旅館最貼切不過的註腳吧！

響樂旅館 Conservatorium
地　址｜Van Baerlestraat 27, Amsterdam, Netherlands
電　話｜+31-20-5700000
電郵信箱｜info@conservatoriumhotel.com
網　址｜www.conservatoriumhotel.com
造訪時間｜2016年9月
房　號｜Duplex Suite 321

上：Brasserie餐廳
下：阿姆斯特丹街景

在巴坦遇見挪威

古宿尼房

巴坦，尼泊爾

Cosy Nepal, Patan, Nepal

老門梁的頂端布滿生了黃鏽的銀灰小鐵釘，有些不堪長年日晒雨淋已脫落，留下密集交錯的齒痕，乍看像是嵌在木頭上的蜂窩。

「每根釘代表一段生命的結束……」民宿主人博卡邊說邊示意我低頭跨門而入，「所有往生者必須從這個大門出去才算正式離開」。

這個仿若四合院格局的鄰里，住著十幾二十戶人家。每個住戶共用一口大門，博卡的民宿就隱藏在其中一棟舊樓內。

翌晨，博卡的妻子為我準備尼瓦爾族（Newar）的傳統煎餅，另加撒了桂皮粉的奶茶，就是一頓當地人的家常早飯。招待客人用膳的飯廳陳設簡單，兩張長形木桌配以榻榻米式坐墊，一律席地而坐以手用餐。

石磚牆壁上掛著一副相框，鑲有一張剪報，為英國哈里王子官訪尼泊爾的報導。站在王子身邊畢恭畢敬的赫然是博卡——他成了巴坦老城眾人羨煞的皇家導遊！

和皇室特別有淵源的不只博卡一人，他的母親生前曾是皇家御用裁縫師，一年得入宮好幾趟為王后量身訂做錦衣華服。靠近飯廳的梯口處，張掛一塊黑紅相間交織的傳統圖騰布匹，來頭可不小，聽說是尼泊爾王后賜給其母的禮物。

博卡的父親性好攝影，拍下近千卷黑白底片當作遺產留給博卡。後來在當地攝影學會的慫恿下，博卡把底片數位化，重現了六十年代初期的尼泊爾風采。坊間流傳的攝影集和巡迴攝影展，也是由博卡一心策劃，為尼泊爾近代史付上一份珍貴的視覺文獻。這些宛如布列松黑白照的藝術品潤飾了民宿的各角落，照片中的人物多為左鄰右舍的爺爺、奶奶，景雖在、人已非，有種緬懷古早的情愫瀰漫在旅宿空間，

布列松
Henri Cartier-Bresson
1908～2004
法國攝影家
偏愛黑白攝影，被譽為「二十世紀的眼睛」

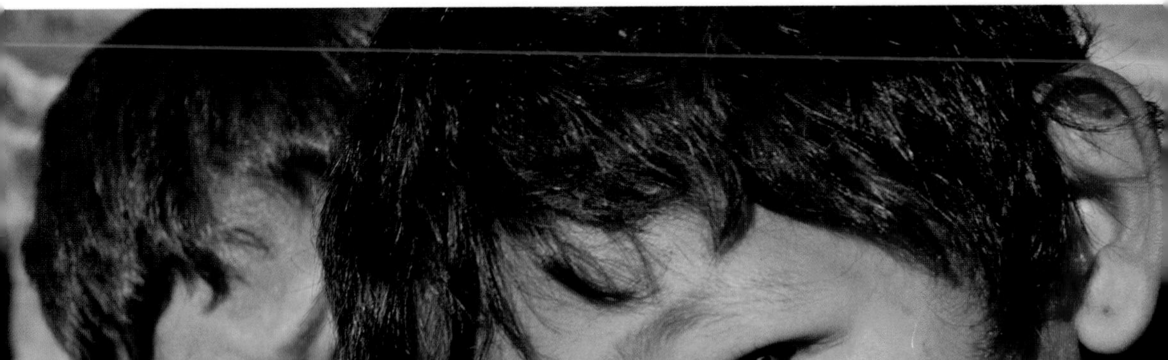

上：尼瓦爾族孩童
下：巴坦為藝術之都，以木雕石刻馳名

不只遊客受寵若驚，連當地人也咂嘴讚嘆。

博卡的民宿只是古宿尼房在巴坦老城區的其中一員，截至目前，約有二十棟民宿加入陣容，為有藝術之都美譽的巴坦增添星光魅力。

美麗的誤會

誤打誤撞邂逅古宿尼房，緣起於一場美麗的誤會。幾年前從一本建築雜誌中發現一棟讓我怦然心動的家居，獲知加德滿都郊區有棟暱稱 Yatachhen House 的老房子。透過網路搜尋到地址，就一人按圖索驥飛往尼泊爾。

一抵達西安小屋（Yatachhen 在尼泊爾語意即西方的安定之處），才獲悉加德滿都城內有很多以 Yatachhen 命名的老厝，得視其所屬的區域、街道、巷弄而定。我汲汲營營尋找的老厝不在巴坦，而是在城北的巴克塔布。這個錯誤解讀反而讓我認識了卡蜜兒（Camille Hanesse）和吉坦爾（Jiten Shrestha），以及他們創辦的民宿管理公司——「古宿尼房」。

卡蜜兒是典型的法國人，熱情洋溢、友善大方又敢怒敢言。話匣子一打開，至少談上二、三個鐘頭；她老公相對下就顯得有點木訥寡言，選擇在背後默默支持她。吉坦爾則是道道地地尼瓦爾族人，娶了一位日本太太；老婆遠赴非洲剛果打工，留下他和女兒相依為命。

無論是經營理念、民宿設計或環保策略，兩人一拍即合，靠著一股蠻勁打拚了八

左上：博卡的民宿
右上：西安小屋一隅
下：處處瀰漫著古早的緬懷情愫

年，古宿尼房從寂寂無名的小品牌躋身為 Airbnb 民宿界的一朵奇葩。

打響知名度的就是這棟吉坦爾祖傳的西安小屋，也是古宿尼房出道的首間代表作。老厝本身就留有許多值得觀察的細節：柚木地板、老式紅磚、樓梯扶手、百年木雕窗、斑駁外牆，都讓人輕易聯想起尼泊爾的老厝情調。中庭的天井讓陽光自然灑進來，俯拾可見的「老設計」與光影呼應，毫不違和，亦不高調地在不同角度和色調中出現，親切又自然地與共處一室的人對話。

臥房中不做實體隔間，多半以松木及半通透的毛玻璃製造輕隔間。衣櫃、書桌、睡床及洗手臺全以原木打造，綠植盆栽和藤製沙發潤化臥房一隅的紅磚牆。置身其中只覺得被自然元素包圍，空間關係梳理得極為舒適優雅。

閣樓上的開放式陽臺，坐擁巴坦老城最宏偉的民房景觀。晨早之際，煮一壺好水，以「小滾為蟹眼，大滾為魚目」為準，茶葉方能顯味。來自尼泊爾著名產茶區伊拉姆（ILAM）的銀針茶，果然不負我望。絲滑而不澀，清醇而不淡，幽香中帶有酣甜的餘韻。套句馬奎斯在《百年孤寂》的感嘆：「此時此刻，你我同在，人生已無奢求。」

一般的尼瓦爾民房都是把廚房建在最高處，謝絕外人參觀。吉坦爾不僅把廚房搬到底層，還把餐桌移到露天的公共四合院子裡，左鄰右舍經過時想避也避不掉！

吉坦爾如此耗費心神全為了鼓勵鄰居們相互交流，打破尼泊爾社會傳統種姓制度下的僵局。普遍而言，低下階層的首陀羅族是不可碰觸的，更甭說是交流了。

吉坦爾還透露，早年時自己的爺爺娶了一個外族，造成日常生活中諸多不便。一

馬奎斯
Gabriel Garcia Marquez
1927～2014
文學家、記者和社會活動家
拉丁美洲魔幻現實主義代表人物，代表作為《百年孤寂》，1982年榮獲諾貝爾文學獎

西安小屋為典型尼瓦爾民房，「老設計」俯拾可見

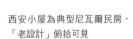

天三餐他爺爺親手下廚，不和其夫人同桌吃飯，不同房共枕，不同車而行。甚至是過世時，家人、親友也不能搬動爺爺的遺體。

在皇宮裡過一夜

古宿尼房旗下有一間尼泊爾國王的行宮，以絕佳的氣勢，睥睨巴坦老城、金寺和耶拉古塔廣場。經由吉坦爾及卡蜜兒的巧手修復，運用尼式院落漸進的傳統建築布局，交疊層次，錯落有致，將「山」、「城」、「巷」等元素融入其中，勾勒出一幅媚惑人心的復古場景。

行宮客廳的氣派不凡，入口處巧妙利用幾級木階，營造空間層次感。一進門目光焦點始終停留在廳內的古董家具上。由一面掛在牆上的老鏡坐鎮，暗金色系的特殊裂紋漆，配上同為金框的古代君王肖像，蘊含東方情懷。具民族風的地毯和坐墊選用巴克塔布少數民族的圖騰，在一片沉隱的色調配搭中格外有韻味。來自提米鎮的精湛陶瓷手藝，原裝版米褐沙發、餐桌與絨布椅，佐以洋溢懷古色彩的木頭雕梁，在兩盞逾百年歷史的水晶吊燈投射下，更有戲劇張力地歡迎遠方訪客。

窩在閣樓主人房的木椅上偷懶，任由時光自由曳流。決心履行《懶得有理》一書所提議的：人與生俱來的精力有限，只要減少運動，避免壓力，不抱太大的野心，就可以減緩體內精力的消耗速度。我再也不必因為週末早上賴床而良心愧疚。

小而美的浴室嚴選當地手工香皂，只用在地農民生產的橄欖油、葵花籽油、蘆

氣派非凡的行宮遺址，睥睨巴坦老城

薈、香茅、杜松、蕁麻、薄荷、艾草等素材，為極度呵護你的肌膚而悉心設計，洗個澡讓全身如沐浴在大自然中。

閣樓套房外隅有個露天陽臺，可做三百六十度環顧老城的絕美視角。對街的老字號餐廳，也是一棟百年木雕老房子，更是當地人的晚餐熱點。隆冬時節的夜晚，躲在餐廳生了篝火的院子裡，沐浴在沁涼的晚風中，心底不由自主吟唱出巴布．狄倫的〈飄盪在風中〉。

狄倫的歌詞意象繁複，內容深刻，常被譽為詩作，還拿過諾貝爾文學桂冠。在超過五十年的創作生涯裡，唱出人們內心的徬徨與未知，累積了大量膾炙人口的經典作品，陪伴全球無數樂迷經歷過人生重要的歲月。

一九六〇年代的加德滿都也曾是一座嬉皮城市，老一輩的尼泊爾人幾乎都知道巴布．狄倫是誰，並熟悉他的每一首經典歌曲。

藏在時間裡的祕密

巴坦民宿界的開山鼻祖史瓦塔老厝（Swotha Traditional Homes），在帶動整個老城區的旅遊發展上居功不少。八〇年代初期的巴坦，像樣的民宿一處難求。它只是絕大多數匆忙遊客必訪的一個日程景點，卻留不住遊客的心。史瓦塔的創辦人靈機一動，把無人問津的老厝打造成別具特色的民宿，全球各地旅客無不慕名而至。

巴布．狄倫
Bob Dylan
1941～
美國創作歌手、藝術家、作家
榮獲葛萊美獎、金球獎、奧斯卡獎，更於2016年獲得諾貝爾文學獎

上：伊拉姆銀針茶和手工香皂
下：史瓦塔老厝民宿和當地長者

THE BOOK OF
TEA
Preface by
Anthony Burgess
Flammarion

S

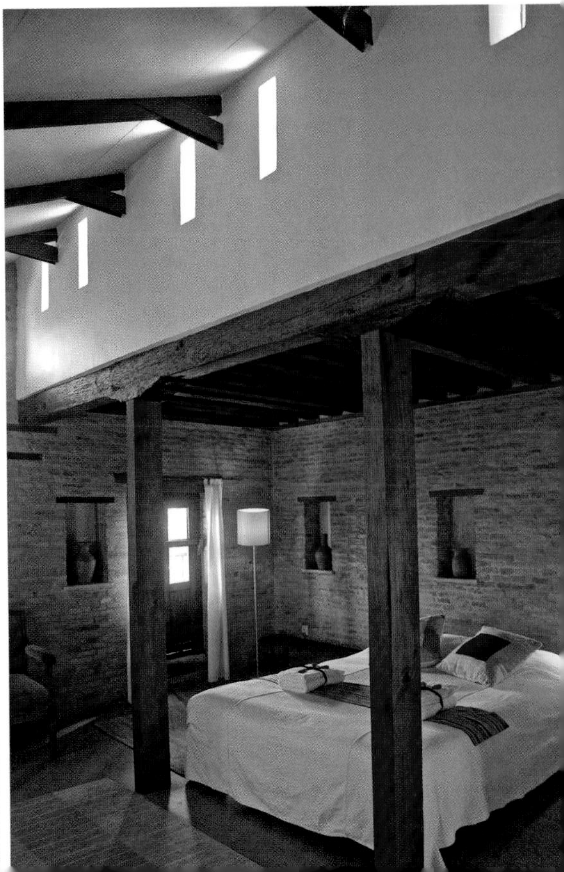

二〇一五年四月突然來襲的大地震，讓巴坦廣場好幾座古塔坍塌了，近遭許多民房店鋪也應聲倒地。採用紅磚砌成的傳統老房子卻安然無恙，史瓦塔老厝和古宿尼房是倖存下來的其中一批。災後重建讓當地人更加珍惜傳統民房，再加上吉坦爾和卡蜜兒的巧思創意，讓老房子倍增魅力。巴坦上下吹起一股復古懷舊風潮，老房子飛上枝頭成了鳳凰！

一場天災讓尼泊爾人見證了老房子的堅固耐用，尤其是傳統紅磚的實用與耐震，再次點燃了隱藏在建築裡的生命力，藏匿在時間裡一層層的祕密毅然公諸於世。

人生中有許多美麗的事物並非總是精心策劃而發生，有些起初只是意外的失誤，將錯就錯下才發現。

一九八七年，村上春樹第五部長篇小說《挪威的森林》，日文書名就誤譯成披頭四的成名曲《Norwegian Wood》。雖然團員之一的保羅．麥卡尼解釋 Norwegian Wood 指的是挪威松木，但許多人仍認為這兩個字源自英美俚語的「大麻」。在披頭四那個嬉皮時代，抽大麻是件極為普遍的事。儘管如此，這首被誤解的歌名依然毫不隱諱成了村上春樹經典作品的最佳序曲。

而卡蜜兒和吉坦爾的「西安小屋」也因為一場誤解，出現在我的書裡面。

村上春樹
Haruki Murakami
1949～
日本小說家、美國文學翻譯家
被譽為日本八〇年代的文學旗手，熱愛馬拉松賽跑

古宿尼房 Cosy Nepal
地　址｜Swotha Square Ward 18, Old Patan, 44600, Lalitpur, Nepal
電　話｜+977-9860-111-757
電郵信箱｜contact@cosynepal.com
網　址｜www.cosynepal.com
造訪時間｜2018年4月和12月
房　號｜Yatachhen House, Imperial Duplex, Dhakhwa House, Narayan Garden House

用傳統紅磚砌成的老房子，吹起一股復古懷舊風

CHECK IN 3

慢食探索
Slow Food

9. 煮出一個王國來

大英老飯店，哥本哈根，丹麥
Hotel D'angleterre, Copenhagen, Denmark

10. 躲在世界的某一頁

神祕園之旅，峇里島，印尼
Secret Retreats Journey, Bali, Indonesia

11. 廚房作曲家

極樂軒老厝，清邁，泰國
Villa Mahabhirom, Chiangmai, Thailand

煮出一個王國來

大英老飯店

哥本哈根，丹麥

Hotel D'angleterre, Copenhagen, Denmark

「有螞蟻呀！」

餐桌上起了一陣騷動，戴著金框眼鏡的少婦，右手抓著銀邊湯匙，指著盤子上幾隻蠕動的不速之客，仍心有餘悸。

換做是別家當地小餐廳，問題還不難處理，可這是一家米其林二星餐廳，而且曾四度在全球最佳餐廳排行榜上名列第一的NOMA。

主廚從廚房裡探出頭，一臉淡定，不疾不徐走到客人面前：「您正在享用的是這個月分的新菜單，那幾隻肥美的黑木匠蟻，剛從日德蘭半島森林運來這裡。」他把少婦手中的湯匙接過：「蘸著這個優格醬料一起吃，味道更好！」

年方四十的雷哲度，可是鼎鼎有名全球公認的大牌名廚。他的菜單不只標新立異，網羅天下奇珍；素材上，更是精益求精，嚴選最好、最鮮、最奇特的搭配。在NOMA冒著縷縷白煙的廚房裡，你永遠無法預知，冰箱打開會冒出什麼東西來！

餐廳變成老飯店

步出哥本哈根機場，雇了計程車，一路上連打好幾通電話，企盼透過飯店公關，預訂兩個NOMA的席位。手機另一端傳來的消息是，六個月後才有可能訂到位子了，而且還是午餐時段，晚餐要排到明年了！

掛斷電話，我找到一個更完美的晚餐計畫。正要入住的大英老飯店，不也有一家口碑流傳的高人氣餐廳嗎？美國建築文摘《*Architectural Digest*》稱之為丹麥餐飲界

雷勒・雷哲度
René Redzepi
1977～
丹麥米其林二星主廚
其經營的餐廳Noma四度榮獲世界最佳餐廳獎項

前址為御膳房的馬夏爾餐廳

的費蘭・阿德利亞，飯桌上經年累月不乏商界名流和皇親貴族，連最冷清的週三午餐時段也是一席難求！

在接待櫃臺辦好入住手續，我迫不及待訂了兩個當天晚餐靠窗面海的席位。

馬夏爾（Marchal）乃大英老飯店旗下的米其林一星餐廳，未摘星前已是赫赫有名的丹麥皇室御膳房。一七五五年初，由於欣賞御廚的高超手藝，丹麥國王臨死前把御膳房敕賜給名為馬夏爾（Jean Marchal）的大廚師；其姓氏不只名留青史，還成了日後餐廳的老字號招牌。

歷任君王只要路經馬夏爾餐廳，都會停下車接收餐廳所贈予的精緻花禮。百年後餐廳擴展為大英老飯店，儘管物換境遷，沿襲了二百六十年的皇家傳統，如今依舊在鬧市中上演。

前菜上桌時，還真無法形容這道連丹麥女王也爭相追捧的主打菜——香檳花枝（Champagne Squib）。主要素材只有一種：白裡透紫的花枝，切得細薄如義大利的塔里雅泰列寬麵，是在急速冷凍後，趁肉質還堅硬時用切割器一條一條削出來；最後以攝氏六十五度的溫度把花枝條火速燙熟，咬起來才不會如塑膠般的口感。

主廚巴格（Andreas Bagh）用香檳、牡蠣和奶油攪打出一大片透明的泡沫，淋在盛於盤裡的花枝條，乍看下有點像浪花拍打在潔白的海灘上，最後才鋪上一小座如山丘、黑珍珠般的魚子醬。

舀一口往嘴裡送，入口即化的花枝條混雜著香檳、牡蠣和奶油的化學效應，拌著魚子精華滿溢口腔的鮮味。從其帶有乾核果馨香的口感，我馬上嚐出魚子醬產自伊

費蘭・阿德利亞
Ferran Adrià
1962～
西班牙米其林三星主廚
其鬥牛犬分子美食餐廳是當代
餐飲業傳奇

獻給女王的花禮

上：萬勿錯過的主打菜「香檳花枝」
下：米其林一星大廚巴格

朗裡海區域的「奧賽特」（Osetra）品牌，一盎司聽說要價一百多美金。

整個飯局，加上主菜和甜品，一共用了三個小時和六百二十五美元。

迎合女王口味的早餐

俗話說：早餐要吃得像國王。

翌晨，自助餐桌上放滿了不同口味的糕點、優格、蛋類、粥品，點綴得美如花圈的沙拉，各式各樣的香脆麵包和讓人食指大動的自製果醬。餐架上除了放有色澤鮮豔的現榨果汁和芳香牛奶，還額外加上兩瓶冰凍的香檳做為丹麥人酷愛的餐前酒。

在哥本哈根，香檳文化的門檻很高。你要是只能說幾句很喜歡、很好喝之類的客套話，很快就會被冷落到沒人理睬的窘境。

迎合王室口味的早餐

LUMPFISH ROE

大英老飯店招待的這款香檳品牌，可非泛泛之輩，而是獨家特釀的 KRUG 系列，由 Balthazar 酒吧供應。每瓶 KRUG 都附有一組生產序號，只要上網輸入序號，就可以一目瞭然，侃侃開展這瓶香檳的產區、酒莊、年分、特色，以及香味、色澤、口感、喉韻，乃至於與菜餚的搭配或與音樂的呼應。

這倒讓我想起伊莉莎白二世，也有自家的珍藏香檳酒窖，若非身分特殊的貴賓，無緣品嘗到這難得佳釀。曾經在白金漢宮當過六年御廚的格林・漢姆（Graham Newbould）坦言，英女皇對食物的偏執口味，不會輸給專吃米其林的老饕家。

他舉例在溫森堡宴款賓客或外國使節時，菜單裡一律忌放蒜頭或洋蔥，以免賓客談話時散發腥騷味；出國外訪時，英女皇只吃自己帶著的特種蔬果，培根取自皇家有機農場畜養的黑種豬，而飲用水則是自家品牌。

我呆望著滿桌子的珍饈醇醪，食材的品質之優之鮮，無可媲美。純粹野蜜就有六種不同口味，全來自義大利托斯卡納；各式各樣的堅果特地從中東地區篩選；烘焙麵包的黑麥粉和大小麥粉則由法國進口。畢竟，馬夏爾餐廳經常會出現國內外的皇室成員，早餐不做得隆重奢華點，是說不過去的。

餐廳的侍者可就沒有那種閒情雅致了，絡繹不絕的賓客令她們忙得團團轉，但仍維持著優雅的儀態和氣質，加上一襲淡灰的古典工作服，個個看起來活像剛從維梅爾（Jan Vermeer）畫中跑出來的女傭。

我品著藍莓花茶，細細打量著眼前這群女侍者的窈窕身影，如果維梅爾有幸在此用膳，會不會被眼前這番景象打動而創作出更好的題材？

伊莉莎白二世
Queen Elizabeth II
1926～
現任英國君主
十五個大英國協成員國的國家元首，史上最長壽的英國君主

上：美如花圈的沙拉
左：創意總監艾文生的花藝配上特選香檳

鬧市中的童話天地

每年聖誕節前夕，大英老飯店外隅如往常般聚集了無以計數的當地人和各國遊客，為的就是觀賞一年一度的聖誕節亮燈儀式。

旅館內外洋溢著濃郁的喜慶氛圍，大英老飯店的首席創意總監艾文生（Alan Evensen）穎悟絕人，在花藝、燈飾、布置和燈光上使盡渾身解數，勾勒出一幅堂皇壯麗的景觀。單單一個聖誕節所付出的財力、人力、心力，足以看出飯店極度重視氛圍的營造，非只限於眼耳鼻的觸感範圍。艾文生打造出的是一個心靈可以沉溺其中的玄幻意境。身處老飯店任何一隅，不難感受出一股磁場般的引力，將人牢牢套住，這或許點出了為何某些地方總叫人留連忘返。

僅有四十一間套房的大英老飯店，就算沒有節日慶典，上下內外也不失雍雅尊貴的排場。我下榻的套房內，壓軸色調以淺灰、淺褐和淺紫為主。線條簡潔的古典家具拉高房間的格調，又不過於古意盎然而抹滅了時代感。顏色的巧妙融合居功不少，尤其是紫色的穿搭應用，沒有專業學問是發揮不出來的，借用英女皇二世貼身裁縫師艾米斯（Hardy Amies）的忠告：「不懂得如何用紫色，千萬別碰！」

房間外圍的中世紀風格迴廊、大理石環梯、古色古香的宴會廳，無疑是《灰姑娘》場景的華麗再現。水療館的室內空間設計，大量運用明暗光影變化打造出虛擬的層次感。一年當中，丹麥有一半的時間是處於天暗地凍的環境，因而造就當地設計師對光線的敏感性，把無法在大自然中享受的光源，完全結合在燈光設計上。

右：紫色的應用需要一點學問

左：聖誕前夕，旅館內外洋溢著濃郁的喜慶氛圍

HÔTEL D'ANGLETERRE

離大英老飯店僅咫尺之遙，即是美輪美奐的新港休閒區（Nyhavn）和斯楚格（Strøget）高檔購物街；左拐一公里處則是每個到丹麥的旅客必造訪之熱點——美人魚銅雕。這尊百年銅像就擱在長堤公園的港口石岩上，其貌不揚，卻常常遭到不速之客破壞，幾年前還被某個非政府組織潑了一身紅漆。童話作家安徒生若在世，肯定會為此打抱不平。

安徒生也算是大英老飯店最忠實的粉絲，往往一住就是好幾個星期。他曾發表過內心感言：「要是能夠一輩子住在大英老飯店裡頭，日子該多好過。」他顯然沒有香奈兒（Coco Chanel）那樣的富貴命，能夠安居在巴黎麗池飯店長達三十年之久。不過，安徒生住在大英期間還是完成了一部膾炙人口的曠世鉅作。

這位懼怕火災的作家，從不入住二樓以上的房間。他鍾愛的兩個角落房間，如今成了大英老飯店最吃香的頂級套房。除了坐擁新港海灣和皇家歌劇院的窗景，尚有一整個系列的安徒生作品供旅人打發漫長的優閒時光。

從新港搭船順著運河探訪哥本哈根，也可窺見美不勝收的城市景觀，沿途的新舊建築爭妍鬥豔——黑鑽石圖書館、哥本哈根歌劇院、阿美琳堡、克里斯欽堡宮——令人目不暇接。感嘆亞洲城市的天際線，總缺少了如此壯觀澎湃的建築景觀。

黑暗中飄浮的咖啡香

高緯度國家的生活品質和福利待遇普遍較高，但自殺率卻不比日本東京低。一般

美人魚銅雕

安徒生
Hans Christian Andersen
1805～1875
丹麥詩人、小說家、童話故事作家
筆下著名的童話故事包括《賣火柴的小女孩》、《醜小鴨》、《國王的新衣》等

上：安徒生套房
下：猶如《灰姑娘》場景般的裝飾

說法是國家有半年時間處在日短夜長的環境中，擾亂了人體生理時鐘，使人容易心情壓抑，懨懨成病。尤其是冬季更讓人心神鬱結，並非只是文學濫觴。

北歐人如何抵抗憂鬱的冬天？其中一個說法是多喝咖啡，有醫療數據顯示常喝咖啡的人，自殺率比不喝咖啡的人低。身為酗咖啡最凶的北歐國家之一，丹麥人花在喝咖啡的時間可想而知。在城中漫步優遊，幾乎是三步一小廳，五步一大館，連NOMA餐廳也順應潮流在河邊開了一間名為一〇八的角頭咖啡廳。

這家新寵咖啡廳網羅了全球最香、最有名氣的咖啡豆：牙買加的藍山、印尼的曼特寧、衣索比亞的哈拉爾、古巴的水晶山、巴拿馬的瑰夏、夏威夷的科納，以及來自瓜地馬拉安提瓜、哥斯大黎加、肯亞、哥倫比亞和巴西的上選豆種。

在大英老飯店外隅的露天咖啡座，我遇上一款喜馬拉雅山麓的特種咖啡豆——藍穹（Lamjung），產自尼泊爾山區，僅由三千個佃農用心栽種，並以全人手收割及去除果肉，因此產量極少。

那黑色液體經過鍊金之術的氤氳下，注入溫過的骨瓷杯，散發淡淡的春泥氣息。冷瑟的空氣中瀰漫著醇厚的咖啡香氣，聞起來還夾雜著一絲荷葉香。

我放下手中的書，深深吸一口香氣，然後停止呼吸，去感覺鼻腔內的味道；再輕輕啜一口，先不吞下去，讓液體充盈整個舌腔。

心裡閃過一個念頭：有沒有可能用這款帶著荷葉香味的咖啡豆做成的滷水來醃製肉類，讓北歐料理增添一層東方風味？我抬起頭，馬夏爾的一星主廚剛好經過……

右：藍穹咖啡
左：北歐式的人文景觀

大英老飯店 Hotel D'angleterre
地　　址｜Kongens Nytorv 34, København K1050, Denmark
電　　話｜+45-33-120095
電郵信箱｜info@dangleterre.com
網　　址｜www.dangleterre.com
造訪時間｜2016年8月
房　　號｜Suite 305

LIVA II

躲在世界的某一頁

Secret Retreats Journey, Bali, Indonesia

神祕園之旅

峇里島，印尼

銀灰的天際線微微泛黃，大地還裹著一層薄薄的墨綠，耳際已傳來陣陣低沉厚實的吟唱聲，聽起來像一首呼喚天地甦醒的協奏曲。

推開窗，一陣沁涼的霧氣撲鼻而來，夾雜著稻穗的芬香馥郁。農民們纖瘦的身影，在阡陌間遊走，肩膀撐著一枝細長的竹竿，頂端繫著一個塑膠袋，迎著晨風，發出呼嚕呼嚕的低吼，彷彿蓄勁待發、隨時準備發動攻擊。

觸目所及，方圓五十公里內，盡是一片片黃澄澄的稻田。沉甸甸的稻穗低著頭，準備好迎接生命的另一個旅程。一群群細小的麻雀在滾滾稻浪中叨啄穀粒，忽高忽低，忽左忽右，像個衝浪者，無懼於浪濤洶湧。

農民們鼓起丹田釋放的低吟，還有手中那根竹竿發出的低吼聲，似乎嚇不走這些企圖偷吃的雀鳥。直到第一線曙光射進田埂間，這群偷食者才肯罷休而歸。

被遺忘的鄉土農耕

旅館座落於一千六百英尺高的山丘稻海中，層層疊疊的稻秧圍繞著只有十八個房間的沙樂納旅宿（Sanak Retreat）。建築格局以稻林為界牆，傳統民家為構思概念，一大片的原木牆，以陳設極簡，近似峇里島的「茅草屋」之美為設計靈感。

入住的閣樓分兩層，樓下為兩間臥室、客廳及飯廳；樓上為主房，附設一個可飽覽一百八十度視野的寬闊露臺。晨昏最奢侈的享受就是斜靠在椅背，靜聽從田埂間傳來的蟲鳴蛙叫，鳥語蟬噪；更適合清宵獨坐，邀月言愁，抒發百千思緒。

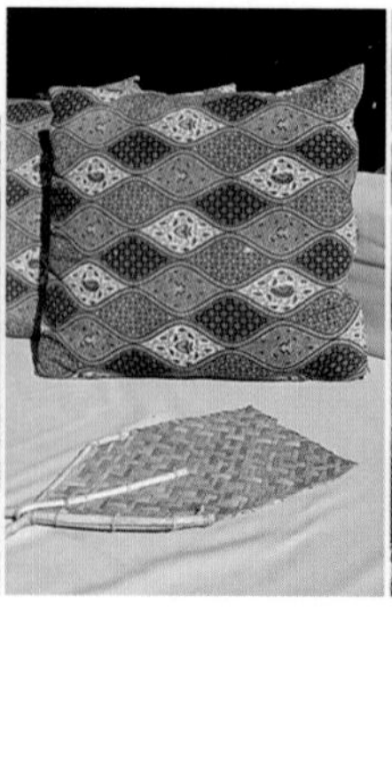

旅宿掠影

上：沙樂納的鳥瞰圖
下：清宵獨坐，邀月言愁的露臺

寬綽挑高的室內空間，飾以淺色木質調的家具、米白淡彩般的織物和器物、竹簾木窗和籐椅石几。有種歸隱郊鄉，取旬味而食，聽蟲鳴成曲的得意自在。為瑣細庸碌的生命填入一段悠閒留白，沉浸在無為而治的優哉中，將那韶光肆無忌憚任意揮霍，淬煉出極致豐饒的生活況味。

閣樓外隅的個人專屬泳池自然也被稻田重重包圍，稻穗和遠處的山巒映現在粼粼水波上，似真似幻。有時壯觀如亞當斯的山光水色，有時又驟然變成雷諾瓦（Renoir）般的印象意境。

光看這幕景已叫人飄然入神，竟然忘了午膳時間迫近，家人已點了一席菜餚等著與我共享。色香味俱全的印尼家常好味陸續上桌，包括幾道燒烤輕食、咖哩、沙拉、野菜，以及那道名為「髒鴨散步」（Bebek Betutu）的傳統道地料理。

早前旅館主人帶著我們一家大小穿越稻田尋幽探密，瞥見一大群戶外的野鴨在水田裡覓食害蟲，又免費為稻田施加有機糞肥。每隻鴨生長健壯，毛羽亮麗，看上去沒有多餘的贅肉。

「髒鴨散步」的烹調手法相當耗時。把十幾種香料榨醬，塗抹鴨子內外並醃上半天，再用蕉葉覆蓋以炭火慢慢烤熟。十二小時的漫長等待是值得的，翻開蕉葉，一股馨香撲鼻，香料的精華全都滲透入皮肉內，沒有一絲油脂感。這得歸功於農民的智慧，把鴨子養在田野中，巧妙運用大自然萬物相互依存的法則，受益的不只是農民，消費者也擁有更健康的肉類產品。

放眼世界，我們正處在一個為了栽種玉米以飼養牛羊群，而將熱帶雨林砍伐殆盡

安塞爾・亞當斯
Ansel Adams
1902～1984
美國知名攝影師
以拍攝黑白風光作品聞名，最著名的作品為「優勝美地國家公園」系列

上：當地文化細節
中：休憩空間
下：養在田野的鴨

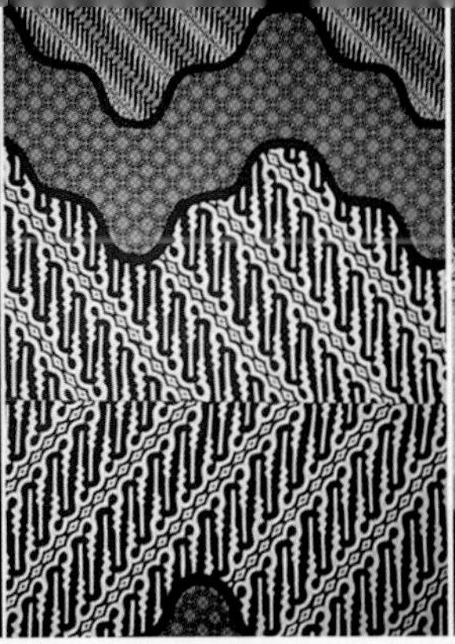

的年代；也是個在沒有空間與尊嚴下，每隻動物每天製造最大利潤的時代——用愈來愈密集的方式飼養食用動物，並以高油脂且不自然的食物餵養，確保動物在最短時間內增加最多重量或製造最多牛奶，或者下最多顆雞蛋。

彼得・辛格（Peter Singer）的《動物解放》揭發了現代化農業工廠對動物慘無人道的逼害，光是一間小棚屋就可能容納高達七萬隻雞，每天都會有一小部分暴斃於擁擠踩踏的意外中。而鴨和鵝被逼食用過多的食物，目的是使牠們的肝臟腫大到可以在符合經濟效益下被做成鵝肝醬。

辛格還指出，我們普遍認為受教育有益於兒童，卻忘了在泥濘中打滾才是對豬有益的。還聲稱只有當雞過著雞的生活，嘗起來才會是雞肉的味道。

住在沙樂納旅宿那幾天，發現早餐時段提供的歐姆蛋特別爽口入味，才獲悉雞蛋源自當地野放雞。這些雞吃的不是工業飼料，而是從牛糞堆中找出來的蟲子，蛋黃中的 Omega-3 脂肪酸含量也比一般蛋更高。

稻苗成長期間，農民灑下一大堆水牛尿，而不是荼毒土壤的化學農藥。濃郁的腥騷尿味據說能夠驅逐蝗蟲災害。農家子弟為莊稼施肥的好時節，無非就是一場又一場的午後雷雨，期待雷電把空氣中氮分子的鍵結打開，下一場不花一分錢的肥料雨。如此符合原生態農牧的作業方式，如今在峇里島上還是有跡可尋。

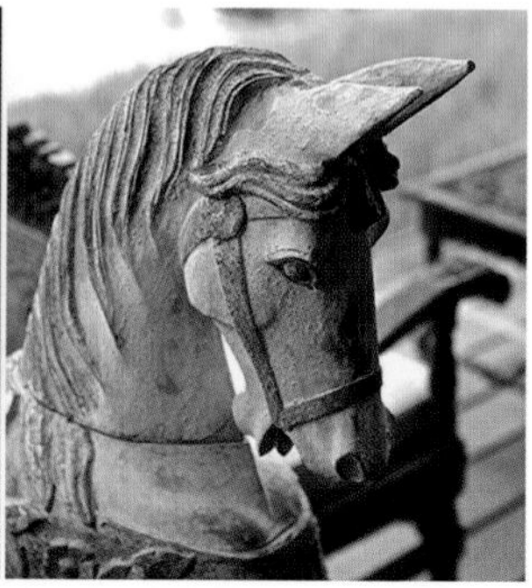

上：有質感和觸感的木雕
左上：擁有三房一廳的閣樓套房
左下：充滿峇里風味的室內裝潢

當季 當地 當日

峇里島此行乃神祕園精品旅宿為我們一家六口悉心設計的緩慢之旅。除了入住獨具一格、環境優雅的道地小型旅館，亦安排全程交通與膳食；尤其是「神祕餐桌」（Secret Tables）的旗下餐廳，為整個旅程鋪下最美的味覺記憶。

位居烏布的 Locavore 餐廳，標榜當令當地的有機飲食。這家排名亞洲五十大最佳的餐廳，只有兩種套餐供選擇。野外廚藝（Foraging）因新北歐料理的盛行而廣為人知，比「從農場到餐桌」更講究的是，主廚透過烹飪將當地食材的天然之味發揮出來，講求新鮮搭配與自然時令，呈現當地的風土人文特色。

主廚艾依可（Eelke Plasmeijer）和雷（Ray Adriansyah）堅持親自往農場或森林採摘食材。他們從不刻意在精湛的廚藝或名貴素材上譁眾取寵。只祈望客人品食之時，也能體驗時間與食材，自然與美食的絕妙關係。

踏入餐廳，左側的開放廚房裡有近十名廚師正忙碌著。主廚在料理檯前聚精會神檢視最後的擺盤，亦不忘觀閱每位客人用餐時的臉上神情。瀏覽手上的「十一月季分菜單」，洋溢著海鮮與田園果蔬之味。峇里島得天獨厚的地理環境，臨海、靠山、近田野森林；從香草野花到瓜果蔬菜，甚至雞鴨蛋，都是道道地地的特產。

當天的午餐複雜而別致，七道菜品呈現風味搭配與高超的烹飪技巧，並似有味覺上的起承轉合。時值農收季節，從菜單就細嗅到峇里島梯田的豐收。

率先上桌的是兩道開胃小點：爽脆又多汁的鮮炸薄荷葉，以及一朵蘸滿火龍果

右：Locavore的兩位大廚
左：神祕餐桌的味覺記憶

醬的木槿花（吃法是一口生吞下肚）。隨後端上的是，用搗爛的紅辣椒、香茅、鳳梨、黃瓜混雜在一起，加上羅望子汁、伏特加和蘇打水混搭而成的飲料。

主菜算是精心設計的一場當地食材之旅。看似樸素的魚排選用東部海域的鯖魚，微微煎至金黃，佐以簡單調味的綠色蔬菜。另一道產自有機菜園的黃瓜花，佐以醃燻入味的西谷米，嘗起來略帶微辣，裡面加了茴香油、青辣椒和腰果奶油，再配上醃黃瓜球，嫩黃瓜片及甜瓜，食材混合而散發的味覺刺激叫人刻骨銘心。

最後一道叫做「深入稻田」的招牌菜，素材皆取自於田地。由果木精心慢烤的糯米，外酥內嫩，加上田雞肉鬆和蒜味小蝸牛；配搭一粒八分熟的鴨蛋黃，再飾以田邊的辣椒花和野生蕨菜的粉末，口感與色彩誘人，一股沁柔雋永的芳香撲鼻而來。

整個套餐花了近兩小時，不只是味覺上的探險，更是視覺上的饗宴。有點類似奧斯卡最佳導演李安在《飲食男女》開場的拍攝手法，展現出博大精深、出類拔萃的中華廚藝，令全球老外覬覦之際，也讓中華菜色正式走入國際。

另一家被 TripAdvisor 和《富比士》雜誌評選為亞洲十大的 CUCA 餐廳，則主打印西混融的當代料理，以西班牙 Tapas 小吃的方式呈獻。

印象猶深的還是小時候愛吃的棉花糖，被大廚幽了一默，撒上峇里島名菜「髒鴨散步」的調味料，甜而不膩，又帶著淺淺的香料風味。

其他經典菜色如天婦羅、軟殼蟹、燒肉包、西瓜沙拉和烤章魚，都是不可多得的拿手好菜，連米其林三星西班牙廚神璜・洛卡（Joan Roca）亦專程飛來品嘗。這位擁有全球排名第一最佳餐廳的大廚，給予 CUCA 極高的評價。

李安
1954～
享譽國際的華人導演
知名作品包括《臥虎藏龍》、《斷背山》、《少年PI的奇幻漂流》等

上：稻田裡的泳池
中：田裡的素材不勝枚舉
下：招牌菜「深入稻田」和混合辣椒的飲料

和藝術家同床睡一晚

峇里島還風行吃一種發酵的黃豆餅，在地人暱稱為天貝（Tempeh）。整個印尼群島皆奉它為國寶級美食小吃，而我卻不費吹灰之力就在下榻的旅館吃到平生嘗過最美味的天貝。

神祕園之旅的最後一站，停駐在一棟號稱古董博物館的精品旅館。守護在大門口前有兩隻古拙造型的石獅雕像，穿過一條水中石階即抵接待大廳。迎接客人的是一座足足有整層樓高的「迦樓羅」（Garuda）木雕，整個尊貴氣場都撐起來了！

度古旅館（Tugu Hotel）的主人是一位印尼華商，家族世代都是顯赫的藝術收藏家。後來想到一個絕策，與其把收藏品放在博物館供人瞻仰，倒不如放在旅館裡讓人使用，建築、桌椅、床具、沙發、門窗、用品等都是歷來收藏的古董與藝術品；連餐廳裡也矗立著一尊五公尺高、十八世紀造型的觀音木雕，聽說是從一座三百年老廟運來的，用餐時耳畔似乎響起「嗡嘛尼唄美吽」的頌讚聲。

旅館擁有兩間藝術家套房——「阿德連・拉梅耶爾套房」及「華特・史畢茲套房」——頗有古董收藏上的意義。兩位藝術家都是二十世紀三〇年代無意中落腳在峇里島的歐洲畫家，最後都選擇旅居峇里島致力於繪畫創作，影響了當地的畫風。

兩間別致的套房並不只是以畫家命名紀念而已，以我入住的拉梅耶爾套房為例，運用藝術家故居的門窗或床頭板為建築材料，室內陳設與格局也盡量擺出畫家生前使用的桌椅或文具，以及代表性真跡作品。這種夢幻投宿結合了歷史邂逅，無疑給

藏在餐廳裡的觀音木雕

上／下：CUCA榮獲富比士雜誌的十大亞洲餐廳

入住的旅客平添了浪漫感性的想像空間。

神祕園之旅也特別為我們一家人安排別具風土民情的休閒活動，例如結合療癒與祈福的水祭、村落導覽、傳統舞蹈教學、花籃貢品製作等。度古旅館的「舞指」古方按摩，不只讓我心服口服，身體也被服侍到服服貼貼。配合理療師口中低吟的誦經聲，十根手指上下來回在我的背脊上遊走，彷彿在跳舞似的。

行旅期間恰逢峇里島的亞貢火山爆發，大量噴發出來的火山灰直衝雲霄，迫使國際機場緊急關閉。逾百班飛機臨時取消，鬧得人心惶惶。上萬名滯留旅客自行斟酌行程，鋌而走險搭長巴到碼頭改乘渡輪到泗水，再從那邊的機場飛回家。

網路瘋傳的視頻怵目驚心，有線電視新聞報導畫面更是慘不忍睹。我盡所能不讓家人接觸這些負面新聞，以免引起不必要的恐慌。

地球上似乎已經沒有一個角落能夠避開新聞的地毯式轟炸。新聞的喧鬧紛亂不但左右了我們對現實的觀感，也形塑了我們的心靈狀態。才氣橫溢的哲學作家艾倫·狄波頓在《新聞的騷動》中，以生花妙筆點出新聞如何煽起我們的恐懼或憤怒，並殘忍地利用不善於以適切觀點看待事物的弱點，支配了我們的日常情緒。

機場關閉了整整三天，到了第四天，風向突然轉換。火山灰順勢飄移到其他區域，機場開始恢復正常運作。那一天，神祕園之旅剛好告一段落，我和家人悄悄離開度古旅館，安然搭上回程班機。

艾倫·狄波頓
Alain de Botton
1969～
生於瑞士、居住在英國的作家、電視節目主持及製作人

上／下：別具特色的藝術家套房

神祕園之旅 Secret Retreats Journey
總部地址｜29/60, Tung Hotel Road, Wat Gate, Chiangmai 50000 Thailand
電　話｜+66-612-869-293
電郵信箱｜dream@secret-retreats.com
網　址｜https://www.secret-retreats.com/en/
造訪時間｜2017年11月
房　號｜Sanak Retreat 3-bedroom Bungalow 301, Tugu Hotel Puri Le Mayeur Suite

廚房作曲家

Villa Mahabhirom, Chiangmai, Thailand

極樂軒老厝

清邁，泰國

假如紐約是每個藝術家都想咬一口的大蘋果，清邁則是每位旅行家在路上期待相遇的野玫瑰。

清邁是座溫文儒雅的古樸山城，早在七百年前就已經擁有豐富的藝術宗教涵養，是探索蘭納歷史底蘊的最佳落腳處。由古至今，從清邁人的衣食住行中，可以尋找到深扎在民間的人文脈絡。

近年來，老房子成了世界各地風行的旅館顯學。不屬於這個時代的空間結構，搭上久經年歲的斑駁、陳舊、衝突、不規整，移轉了旅人的時空，是對歲月的耽溺，亦是一場跳出秩序的反叛。在老空間與新設計的交界處，尋訪極簡的生活方式。

街坊傳出的一個說法是：極樂軒主人花了整整七年，從泰國素可泰及大城府物色了二十二棟原木老屋子，並把它們搬到清邁來。館內的石雕出自當地雕刻家之手；家具、燈飾、餐器都是從歐美進口；水晶燈的設計款式，叫人目不暇給，價格之昂不在話下。要在歐洲八個城市中網羅這些珍貴稀品，付出的代價何止是時間。

新舊交替，東西交融

一九八一年，德國家具製造商維特拉（Vitra）的創辦人羅爾夫（Rolf Fehlbaum）突發奇想，召集了全球各地最富影響力的建築大師前往巴塞爾，給他們一筆錢和一片空地自由發揮創意，只為了改善所在工業園區的景觀。

三十八年後的今天，維特拉從一個名氣不大的家具工廠，搖身一變成為建築迷一

老空間與新設計的衝擊美

生必遊的朝聖景點，擁有六個普立茲克獎得主的建築作品。

極樂軒主人面對的考驗，無異於維特拉的羅爾夫。在旅館原址的空地周邊，盡是一堆奇醜無比的混凝土建築物。當初只想蓋個旅舍賺快錢，後來不知從哪裡冒出來的使命感，決定帶動趨勢改善那一帶的建築天際線，才投入資金創立了極樂軒——以老厝建築群潤以東西文化做為設計格局，在泰北旅館業掀起不小的騷動。

優雅古樸又美觀的木造老房子，和並排對望的混凝土建築叢林相互抗衡，猶如雍容華貴、極富品味的老婦遇上一群不修邊幅的歐巴桑。

日籍建築大師安藤忠雄在蓋維特拉會議中心時，面對的挑戰不是預算多寡或工程時間緊迫，而是會議中心原址的對面，隔著一片不及五百平方公尺的草坪上，赫然矗立著另一位大師的作品——法蘭克・蓋瑞（Frank Gehry）的前衛美術館。

安藤將這兩棟建築的並存稱為「動與靜的對決」，為了要在蓋瑞這個動態建築之前，形成一種對峙的局面，他決定盡可能做到一個壓抑性的「靜」建築。好比外放的西方舞蹈家遇上了內斂的東方禪修者。

極樂軒出其不意的突擊，以「靜美」的古雅老厝，回敬「騷動」的醜陋混凝土建築，軟化了整個區域僵硬冰冷的景觀線條，讓當地人開始緬懷泰式老厝的優美實用。甫出道馬上被各大海內外媒體追捧，美國休閒旅遊雜誌《*Condé Nast Traveler*》更將它列為旅館業 Gold List 年度最具代表性的潛力新星。

安藤忠雄
Tadao Ando
1941～
日本建築師，以清水混凝土著稱，被譽為光的雕刻大師
1995年普立茲克獎得主

上：泰式格局
左：中庭泳池的人頭石雕

人是烹飪的動物

極樂軒轉化婉約的西方與東方古老文化，將建築、繪畫與雕刻等藝術，鑲嵌於旅館的設計理念中，流暢內斂卻不極度張揚。迴廊的戲劇木偶、玄關處的老木櫃、木牆上的西式油畫、屋簷下的老式水晶吊燈、梯口邊的石獅，還有泳池邊陲無以計數的人頭石雕像，勾勒出古意趣味的宜居雅舍。座落在素貼山下的極樂軒，更是文人墨客的摯愛，我入住當天還遇上泰國影視紅星阿南達（Ananda Everingham）。

各式各樣熱帶植物簇擁下的中庭泳池，處於得天獨厚的好位置，一眼望盡蔥蘢蓊鬱的山色，高居海拔一千公尺的素貼寺，發出耀眼光環，像顆墜落凡間的星星。

餐廳正對著造景庭園，盤根錯結的老樹、布滿青苔的野石、群山環抱的背景，架構出傳統山林的唯美氛圍。餐桌上的琉璃、漆器與特別燒製的陶皿，突顯出旅館主人的品味與用心。

清邁的泰北料理早已風靡全球，美食之都的榮譽始於十四世紀中葉的泰皇朱拉隆功，這位愛吃又愛下廚的君王，在日記簿裡記錄了許多美食盛宴，教人不覺莞爾。泰國詩琳通公主似乎也承襲了先皇的獨特口味，每每出訪外省總不忘品嘗道地佳餚。坦白說，具有穩固飲食文化的民族，對食物的好惡不會如鐘擺般擺盪，也不會因為每隔幾年新發現一種營養素，就把某種食物捧成仙丹靈藥，更不會以速食餵飽全國三分之一的孩子，也絕不會屈服在「一個世界，一種口味」的速食文化下。

朱拉隆功
Chulalongkorn
1853～1910
第五世泰皇
是泰國歷史上最有權力的君主、現代泰國的締造者

上：套房一隅
左：個人泳池和典雅布置

詩琳通公主也愛下廚做菜，我早年旅居曼谷時曾嘗過她鍾愛的椰絲蛋糕，至今難忘那入口即化的口感。來到極樂軒，怎會錯過向女大廚宋卡蒙偷師的機會？

以煙入味，以鮮為貴

學習烹飪是讓自己與物理、化學法則，還有生物學和微生物學發生密切關係。無奈的是，如今有成千上萬人花在看《主廚餐桌》的時間，多過自己動手做菜。

久聞泰式烹飪的精巧細緻，尤其是如何將煙當成第六味運用，利用木頭的香氣為芒果糯米飯調味。煙香並非融入糯米飯中，而是相偎共存，形成更完美的平衡。

那盤浸潤過柴煙的糯米飯，配合芒果吃起來，更加突顯出果肉細膩的甜味，就好像原本可能會視而不見的景色，在窗框的襯托下更能贏得讚賞。

芒果糯米飯示範完畢，宋卡蒙開始講解燉煨的含義，這兩個字本身就給人一種很慢的感覺。燉煨的菜餚要做到「肉軟嫩至極、味通筋鑽骨」，最重要的一點就是保持耐心，尤其是煮高湯，更是馬虎不得。

高湯確實能賦予一鍋菜「厚度」或「深度」。慢火熬成的高湯對菜餚的最大貢獻是極誘人又多少令人費解的鮮味。日本料理專家在評鑑一家餐廳時，最重視的就是高湯的品質。

宋卡蒙親自示範如何烹煮泰式酸辣湯，除了食材的鮮美與搭配，香料的應用更是關鍵，上桌前還加了半杯三花淡奶，藉此調低辛辣的嗆度。她還闡明，對火候游刃

有深度的魚湯

上：老木屋下的客廳
下：造景庭園，美不勝收

有餘的把握，是一門發人省思的學問，也是考驗廚藝到不到家的最重要準則。

這和阿根廷廚神瑪爾曼對火的偏執熱愛沒有差別。在其著作《關於火》，瑪爾曼竟然比喻生火的過程有點像性愛，可以轟轟烈烈，也可以細水長流；從文火到烈焰，總會有一些小高潮，可以配合不同的料理方式。

瑪爾曼的料理，大抵上與人們印象中精緻高端的「米其林風格」大相逕庭。他的料理帶有強烈的個人印記，粗獷簡單的烹調方式，透著蓬勃的原始氣息。

反觀極樂軒的菜單，也是道道地地的庶民小菜：糯米炒飯看起來也許不怎麼樣，嘗起來卻是驚為天人，尤其是那道鮮炸查甕葉（Cha Om），淋上由羅望子汁、新鮮椰奶、辣椒粉、青蔥、芹菜和花生碎混拌的豬肉餡汁更加下飯。

烹飪，讓人忘記現實

達爾文認為烹飪是「使堅硬、富含纖維質的根部變得好消化，而有毒的根或香草變得無害」的一種手段。但是烹飪同時也製造了距離，將殘忍的宰殺真相與餐廳中鋪著亞麻桌巾與光亮銀器的餐桌分隔開來。

凝望著鍋裡一隻肥美的雞，看起來像是當日宰殺，我不清楚牠是如何從農場來到這裡，粉紅帶著油脂的軀體，是否隱藏了不可告人的祕密？

宋卡蒙拍著我的肩膀再三保證，極樂軒只採用野放雞，所以做出來的檸檬香草炸雞才會有七分肉、三分油脂的精華，並強調只要瞧一瞧雞的眼睛，即可分辨出是野

瑪爾曼
Francis Mallmann
1956～
掌控火候的功夫到家，被譽為「阿根廷廚神」
曾獲得國際美食學會大獎的殊榮，以燒烤廚藝馳名全球

鮮炸查甕菜最下飯

放雞或農場雞。

英國作家約翰・伯格幾年前在一篇文章〈為何要注視動物〉也指出，人類在日常生活中已經不再接觸動物，特別是眼神的接觸，這讓我們難以理解人類與其他物種的關係。每天和動物的眼神接觸可以鮮明地提醒我們，動物和人類非常相似。

晚餐時分，我無法正視陶皿內那隻被煎炸的檸檬雞，怕牠認得出我行凶時還露出一臉無辜的樣子。我雖然不是素食主義者，平日三餐也是少肉多菜，可是每吃下一塊肉，還是會產生感同身受的罪惡感！美國詩人愛默生曾寫道：「你剛吃了一頓肉食，而不論屠宰場多麼謹慎小心地躲在得體的距離以外，你仍是共謀。」

廚房交響曲

餐後的晌午，我窩在百年老房子內用土產柚木打造的臥室，邊啜茶邊看書，還特別挑了李希特（Max Richter）長達八小時的催眠專輯《SLEEP》做為背景音樂。

手上的書看了一半，是法國美食家布里雅・薩瓦蘭（Brillat-Savarin）撰寫，由美國美食家費雪（MFK Fisher）翻譯的《味覺生理學》。布里雅曾經說了一句「國家的命運取決於人民吃什麼樣的食物」，而影響了整個法國的餐飲版圖。

法國人是世界公認最懂得吃的民族，幾乎什麼都放進嘴裡——蝸牛、田蛙、雞腳、牛肝臟、豬頭，甚至連魚眼睛也不放過，卻從未鈍化他們的美食鑑賞力，反而激發了勇於嘗試的心。就像許多亞洲人會認為便利商店的老牌子土司味道正常，但

愛默生
Ralph Waldo Emerson
1803～1882
美國思想家、文學家
美國文化精神的代表人物，總統林肯稱其為「美國的孔子」、「美國文明之父」

約翰・伯格
John Berger
1926～2017
英國文化藝術評論家
著有《影像的閱讀》、《藝術與革命》、《另類的出口》等

泰北料理也令泰國王室痴迷

很少法國人會同意，因為他們期待更硬、更濃醇的麵包，這或許和小時候在家裡學習吃什麼、怎麼吃及如何評價食物有關聯。

布里雅在書中也坦承：一至二歲的幼兒從不拒絕任何食物，而且勇於嘗試。這個學習窗口在三周歲後關閉，限定了此後一生食物選擇的基本範圍。

幽靜深邃的大、小提琴撫慰著柔順的鋼琴，飄浮在夾著茉莉香氛的床榻上，水晶燈散發的暈暈猩黃教人昏昏欲睡。從牆壁的木縫中突然傳來宋卡蒙炒菜的鐺鐺聲，還有研缽和搗杵所發出令人沉思的擊搗聲，重疊交錯聽起來充滿節奏感。

隔天早餐時，宋卡蒙悄悄對我透露每次下廚時，腦海中總會閃現出音符。每個舉動，從切菜到烹煮，彷彿多了一股勁兒，手中揮舞的鏟子像根指揮棒。

法籍三星大廚亞倫．帕薩德在做菜時也擅長聆聽——切、舀、剁、剔、斬、攪、炒、炸、燜、燒——所發出的聲響。有時候聽起來像賦格曲、詠嘆調，一會兒又變成奏鳴曲、協奏曲，名符其實的廚房交響樂。只可惜菜端上桌時，已成為一齣默劇，儘管色香味俱全，再也感受不到食物在烹煮過程中釋放出的原動力。

極樂軒老厝 Villa Mahabhirom

地　　址｜62 Moo 10, T.Suthep, A Muang, Chiangmai 50200 Thailand
電　　話｜+66-053-271200
電郵信箱｜reserve@villamahabhirom.com
網　　址｜www.villamahabhirom.com
造訪時間｜2017年7月和11月
房　　號｜Villa Doi Suthep, Pool Villa 401

水晶燈下的臥床，教人昏昏欲睡

CHECK IN 4

慢遊藝宿
Slow Art

12. 創意神偷

偷心閣，奧斯陸，挪威
The Thief, Oslo, Norway

13. 建築師留下的問號

多爾德大飯店，蘇黎世，瑞士
The Dolder Grand, Zurich, Switzerland

14. 為藝術入獄

友人旅館，布魯塞爾，比利時
Rocco Forte Hotel Amigo, Brussels, Belgium

創意神偷

偷心閣

The Thief, Oslo, Norway

奧斯陸，挪威

踏入電梯，眼前一亮，別出心裁的空間裝置藝術正在電梯內上演。黝暗的空間裡置有一個長形螢幕，上面出現一個洋髮婦女的畫像，杏眼閃爍，還對著我眨眼，露出詭異光芒。稍微回神，才察覺是英國新藝大師奧培（Julian Opie）的畫龍點睛之作。

上到最高層，步出電梯外映入眼簾的並非美術館展覽廳，而是我入住的海景套房。歡迎蒞臨挪威奧斯陸開業不久又備受矚目的當代設計旅館——偷心閣。

方才抵達接待大廳的休憩沙發區，已經被一幅足有五公尺高的大畫作所震撼。這幅掛在近落地窗角落的平版畫鉅獻，是理察·普林斯（Richard Prince）的代表作《偷馬人》，市價為四百萬英鎊。

沃荷的普普名作《淑女與紳士》就擱在二樓餐廳唐培里儂香檳酒櫃邊的牆壁上，市值一百七十萬英鎊；聖法樂（NiKi de Saint Phalle）有如彩繪鸚鵡般的金屬尼龍雕塑，就掛在伸手可及的大廳沙發上，拍賣的話也要五十六萬英鎊；東尼·克雷格（Tony Cragg）用約一噸重的立體物件，以「集合」概念將其打破，再拼湊成的雕塑，最低估價不會少於三十萬英鎊。

許多後現代藝術家——傑夫（Jeff Koons）、彼得（Peter Blake）、費歐娜（Fiona Banner）、布萊恩（Bryan Ferry）——都可以在這裡找到，而且是不折不扣的真跡作品。整棟旅館的藝術品總值超過一千萬英鎊。

安迪·沃荷
Andy Warhol
1928～1987
美國藝術家、電影拍攝者
視覺藝術運動普普藝術最有名的開創者之一

奧培的空間裝置藝術

TODAY'S EVENTS
TH E
THIEF

旅館和美術館之間

旅館巧妙以繪畫、雕塑、空間裝置與新媒體藝術策展於各角落，且作品面貌並不侷限於單一媒材，而是以主題方式，從社會學、心理學、都市學、人類學等人文角度切入。藉視覺藝術型式探討美學與社會大眾間的關係，也同時展現最新藝術風格；當中有初出茅廬的新秀放膽一搏，也不乏國際大師從容坐鎮。

偷心閣扮演的是一個集當代各種思潮交會的角色，試圖以嶄新概念突破原本格局，為日漸僵化的旅宿空間帶來前所未有的新鮮感。除了展出別具風味的作品，也提出相異於西方藝術世界的有趣觀點與美學思考。以打游擊的移動策略把作品擺放於旅館各處，電梯、迴廊、大廳、餐桌、櫥窗、沙發，甚至書本上，試圖以點連成線再串成面，從對話中構築藝術的感染力。旅館成了不折不扣的策展人，而裡頭所有的藝術珍藏全來自北歐赫赫有名的費恩利當代美術館（Astrup Fearnley）。

「要建一家好旅館，不能單從預算或計算機開始。」偷心閣主人彼特（Petter Stordalen）拍拍胸口：「要從這裡開始！」

這位年屆五十、駕著生物燃料法拉利的億萬富翁，是個獨具慧眼的地產大亨，看準了旅館所在這個荒島的潛在商機。十八世紀初葉，這個荒島上還建有一座處決海盜與小偷的刑事監獄，一個教人聞風喪膽的罪犯島嶼。

彼特決定開發荒島成高級住宅區和休閒娛樂區的消息一出，立即風傳整個奧斯陸，地產業者都認為他發瘋了。他免費讓出一塊地皮，請來世界有名的義大利建築

上：醉翁之意不在酒

左：藝術無所不在——大門外、書本上、接待大廳裡

Oak
ALL ABOUT
LOVE

THE THIEF

大師倫佐・皮亞諾，蓋了一棟世界頂級藝術中心——也就是如今成為週末熱點的費恩利當代美術館。

發展藍圖並沒有戛然而止。美術館旁邊又冒出一棟旅館，取名「偷心閣」，以高級藝術為室內裝潢的主軸，所策展的大師級作品全數取自費恩利當代美術館。這是旅館和美術館之間的唯美協議，旅館成了美術館的另類延伸，打破了建築的界線，讓兩個截然不同的空間得以交流結合。彼特獨到的構想，教人甘拜下風。

心心相應的藝術療癒

旅館內的藝術展品每三個月更換一回，展過的作品送回美術館，又從那兒引進新的創作。旅館內的房客大可不用排長龍、不用買票、不用人擠人，即可坐擁這批價值連城的國寶級藝術品，甚至在睡床邊或浴室內，都可望和藝術一親芳澤。

入住偷心閣的客人非富則貴，不只有錢，還有閒，能閒世人之所忙，方能忙世人之所閒也。古人不也說過：「山不可無泉，石不可無苔，人不可無癖。」有品有味之客，多半也崇尚特殊癖好。以偷心閣為例，能夠待在旅館不出大門一步，即可飽覽足以媲美古根漢或泰特美術館的一流館藏，這早已不是一般的消費心理學了！彼特深諳「物以稀為貴」，一出手就捉住了有錢人的癖好。

坐在旅館酒吧內啜飲伏卡馬丁尼，眼前浮現一個慢動作畫面，三位索馬利亞籍穆斯林少女，撥弄著她們的蒙面頭巾，透過光影效果與抽象表現，呈現出回教世界面

倫佐・皮亞諾
Renzo Piano
1937～
義大利建築師
1998年普立茲克獎得主，享有建築詩人的美譽

上：皮亞諾的費恩利美術館
左：聖法樂的彩繪鸚鵡

對世紀末的焦慮與惶恐，也反映出當代社會性和政治性的衝突和對立。

在這樣的意境下進入酣醉的無意識狀態，空靈的腦子彷彿一下就領悟了生命哲理，感嘆人類對無形精神層面的追求，要不，何以能創造出不拘形式的偉大之作。

對藝術深有研究，書畫詩曲造詣也頗高的十七世大寶法王烏金多傑，認為藝術是抒壓的最佳途徑。他笑說自己在面對壓力及限制的處境下，唯一能讓他解壓並鬆弛緊繃神經的方法，就是在紙張或帆布上塗抹，透過創造力抒發鬱悶的情緒。

一八九〇年，挪威小說家漢森（Knut Hamsun）發表了一本叫《飢餓》的小說。故事描述一位住在奧斯陸的年輕人，到處孜孜矻矻地追求渴望的東西，滿足他無以見底的欲望深淵，其中包括一本會發光的詩書。

偷心閣無疑就像一部閃閃發亮、滿足個人化口味的無字天書。一場天馬行空的藝術饗宴，不同風格的藝術品，迎合不同性格的旅客。像一臺解讀器，釋放出不同頻率的欲念，和全球各地的旅客接軌相應。

旅館的大門外隅，放著一座安東尼・葛姆雷（Antony Gormley）的人像銅雕，以祈禱的姿勢匍匐在大地上。人像伏拜的方向對準一公里外的海港和混凝土倉庫，剛好也面西朝向遙遠的伊斯蘭麥加古城。

是無意的巧合，還是有心的安排，似乎已經不太重要。

烏金多傑
17th Karmapa
1985～
第十七世噶瑪巴大寶法王，藏傳佛教噶瑪噶舉派最高宗教領袖，楚布寺住持

上：窗口外的海港
左上：偷心閣外觀
左下：朝麥加方向的人像銅雕

BERGSHAVEN

THE
THIEF

和藝術家同床共枕

偷心閣坐擁一百一十八間套房，窗景面海，可以遠眺奧斯陸峽灣。

臥房布置自然也有經典之作，匠心獨運的驚喜處處可見，名家設計品牌比比皆是——有義大利設計師西特利奧（Antonio Citterio）的L形沙發和燈飾、雷那迪（Bruno Rainaldi）的玻璃圓桌和實木茶几、英國設計師狄克森（Tom Dixon）的黃銅碗和石頭燭臺、挪威女設計師哈文德（Anne Haavind）的水晶容器和吊燈。

就連浴室內的牙刷也要酷，嚴選日本 Yumaki 專業口腔護理品牌。洗髮精和沐浴乳則是 ILA SPA 系列，花灑來自德國衛浴品牌 Grohe，柔軟浴袍乃設計師 Maggie Wonka 之作。洗澡，原來可以這樣奢侈！

還不只這些呢！供房客用的棉布拖鞋來自 Runa Klock 品牌，備有男女尺寸。羽絨枕頭來自 HØIE、棉被來自 Røros Tweed、床鋪則來自 Hilding，保證你一上床即能輕鬆入眠，作個難得一宿的藝術美夢。

整個套房採取照明移動感測系統，房門一打開，燈泡自動放明。出入房間的感應卡，還可以讓我無數次免費進出費恩利當代美術館。

頂樓的露天酒吧和餐廳，讓客人在享用晚餐之際，也有機會（運氣好的話）品賞夢幻如詩如畫的北極光。旗下的 FRU K 餐廳在女主廚依耐拉（Kari Innera）的巧思提升下，成了挪威老饕家的必訪之地。

位居地下室的水療中心，提供客人多一個不外出的藉口。泡在暖池中，放空思

臥房的名家品牌比比皆是

上／下：餐廳和酒吧除了填飽肚子，也豐富了心靈

緒，放下萬緣，面對闃靜與寧謐，悄悄和自己的身體來一場溫柔對話。

盜取芳心的神偷

對一家奢華旅館而言，The Thief 確實是個奇特的名字。除了對所在島嶼的海盜歷史背景的尊重外，也響應了幾年前發生在奧斯陸美術館一件驚天動地的盜竊案——國寶級大師孟克（Edvard Munch）的成名作《吶喊》在光天化日之下被假扮清潔員工的雅賊盜走。

旅館尊名 Thief 指的就是一個有藝術品味的神偷；而英語中的 Thief of heart，意即盜取芳心的人。叩訪過偷心閣的旅客，無一不被旅館的珍藏藝術品所吸引。每位客人都可以找到相應的藝術品，每位都心有所屬。套句創辦人彼特在開幕典禮致詞時說過的一句話：「旅館的終極任務是，在最不經意的瞬間偷走你的心！」

美國作家史坦（Gertrude Stein）曾經形容美術館和博物館為「文化的墳場」。要是他在有生之年造訪過偷心閣，不知道會不會黯然吐出這句話。

這些藝術品在旅人睡覺、洗澡、吃飯、喝酒、搭電梯的時候，在看似最平常不過的生活細節中，悄悄和旅人發生關係，上演一場知性感人的心靈之旅。

曾經入住偷心閣的微軟創辦人比爾．蓋茲這樣形容：「人性化的科技在於它能融入日常生活中，成為生活的一部分，而你甚至未曾察覺它的存在。」把先進科技換成無價藝術，正好是偷心閣的最佳寫照。

比爾．蓋茲
Bill Gates
1955～
美國企業家、投資者、軟體工程師、慈善家
微軟公司創辦人

偷心閣 The Thief
地　　址｜Landgangen 1, 0252, Oslo, Norway
電　　話｜+47-24-00-4000
電郵信箱｜stay@thethief.com
網　　址｜thethief.com/en
造訪時間｜2016年10月
房　　號｜Room 828

上／下：盜取旅人芳心的神偷

建築師留下的問號

The Dolder Grand, Zurich, Switzerland

多爾德大飯店

蘇黎世，瑞士

站在後現代解構主義建築大師蓋瑞的作品前，我找到了心中思索已久的答案。

這位活潑好動、酷愛魚類的猶太建築師，擅長打破對稱美和現代化藝術的界線，加上奇特的建築素材，營造出動感與美感兼具的公共空間。前衛而幾近叛逆的建築風格，為他贏得「建築界的畢卡索」之美譽。

十九歲時，蓋瑞還是一個籍籍無名的卡車司機，入不敷出，前途未卜。晚上有空檔，他就跑去上陶瓷課程，後經由名師引導，終在建築界闖出名堂。

蓋瑞不屑一顧當今許多大城市的建築群，對它們的評價是：一堆沒有「性格」的玻璃和鋼骨結構；並非人文藝術而是經濟體系下的變相產物。蓋瑞曾經對外宣稱，在創作上，地心引力是他唯一的約束，並坦承創意的初始只是一顆好奇的心。

堆在一起的幾棟房子

維特拉美術館是蓋瑞拒絕被同化的顛覆之作，跌破了許多建築界老前輩的眼鏡。這棟房子不像房子，屋頂又非屋頂的美術館，左傾右斜，高低起伏落差大。耀眼的光線透過不同角度、不同形狀、不同物質折射出一種驚人的魄力。

建築外觀上結合各種不同的幾何圖形，相融交錯在一起，又像堆在一起的幾棟房子。一座很難以具體風格來定義的建築，拒絕任何標籤與概念；就像天空中的白雲一樣，永遠處在未完成、無定說的狀態。

酷愛觀察雲朵的日本建築師原廣司也坦承，他走訪過的古老聚落——從埃及到祕

法蘭克・蓋瑞
Frank Gehry
1929～
美國後現代解構主義建築師
鈦金屬打造的畢爾包古根漢美術館設計者

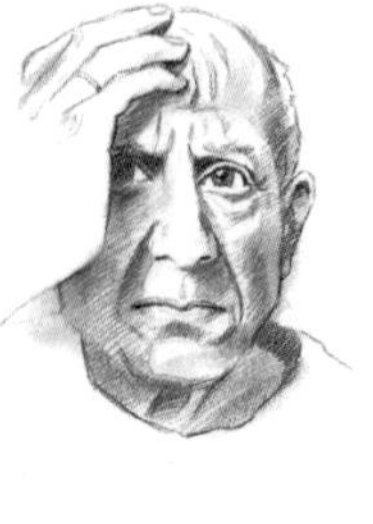

巴勃羅・畢卡索
Pablo Ruiz Picasso
1881～1973
西班牙畫家、雕塑家
二十世紀現代藝術的代表人物

蓋瑞設計的美術館位於維特拉工廠內

魯，印度到日本，葡萄牙到中國——多少都帶有雲朵般不定形特質，一直隨著周邊環境改變型態。

但是，我們有真正看過一棟建築物嗎？還是只能透過知識和過去經驗組成的意象看它。我們和建築物之間只有概念性關係，缺少了真實的關係。我們都住在概念世界裡，住在一個由思想構成的世界。

思想是很有力量的東西。「想」字是心的上面有個相字，只要心一著相，思想就產生了。我們的心很容易被外觀所吸引，故而無法真正諦視內在的真相。

誠如印度哲學家克里希那穆提所言：「思想是已知世界的成果，也是過去時間所累積的成果。只有不受任何傳統、教條、觀念和他人意見所束縛，才能真正達到思想上的自由。」

重新看一面牆

從巴塞爾返回蘇黎世，還沒有完全從蓋瑞的解構幻象中回過神來，發現自己站在居高臨下的一角，俯瞰著整個瑞士最具爭議及代表性的地標建築——多爾德大飯店——由建築大師佛斯特爵士親手打造，動用了四億四千三百萬法郎的高昂經費。

睥睨群雄的多爾德大飯店位居市內的森林區域，坐擁整個蘇黎世湖泊和阿爾卑斯山脈。前址也是一棟建於一八九九年的老飯店，接待過英國首相邱吉爾、義大利指揮家阿德羅、德國物理學家愛因斯坦、伊朗沙皇、美國特使基辛格、滾石樂團等。

諾曼・佛斯特爵士
Sir Norman Foster
1935～
英國建築師
普立茲克獎得主，高技派建築師的代表人物

克里希那穆提
Jiddu Krishnamurti
1895～1986
印度哲學家、作家、演說家
被譽為二十世紀最偉大的靈性導師，擁有中觀的般若智慧

上／下：建築大師佛斯特爵士的神來之作

矗立在眼前的曠世鉅作，是由兩棟新舊建築交替組成。大門入口、接待大廳、餐廳和酒吧設在如皇宮般，有絢麗輝煌穹頂的百年老建築內。

擁抱著老建築左右兩邊的當代設計，則是佛斯特的神來之作，幾乎囊括了飯店內所有套房。上了全釉的線條立面，鋁質屏幕包裹著幾何形狀的流線型建築，灰銀的屏幕飾以抽象樹形圖案，與周圍蓊鬱的森林相互共鳴。老建築承襲的玫瑰底色呼應著新建築的銀灰，猶如老樹幹抽枝吐葉冒出的新芽，帶來生機盎然。迴廊上的光影，有些從樹形圖案的鋁屏幕掉下來，剛好落在迴廊邊的瑪格列特銅雕上，折射出如天使般的絢麗光環。

從建築界的角度來說，佛斯特最大的貢獻自然是發揚光大了現代建築的高技派（High-tech Architecture）。利用最先進的建造技術，將建築本身的結構和管線毫不掩飾的外露，甚至做為美學上的裝飾，使用極富視覺張力的裸露大尺度，營造繁複而富有層次的工業美；也注重營造細節和對自然光的創造性運用，游刃有餘地展現出高技派建築通透、輕盈、富有科技感的建築美學。

我嘗試不把多爾德大飯店當成一座建築，而是一堆非建築元素的組合體。不把一面牆當作「牆壁」看時，驟然間有很多可能性浮現出來，如同雕刻藝術家塞拉一樣，沒有受到「牆壁」的約束，視野才有可能突破盲點！

我發現佛斯特在設計這棟旅館時，已經完全跨越邏輯思考的範疇。迴廊不一定是直線形，套房不用呈方形或長形，浴室由三個不同等空間組成，而孤形設計的陽臺，剛好左瞰森林、山脈，右瞰蘇黎世湖、市區。

理查・塞拉
Richard Serra
1939～
美國極簡主義雕塑家
以用金屬板組合而成的大型銅牆鐵壁作品聞名

上：富有科技感的建築美學
下：新建築擁抱老房子

這裡可不是一般人想像力所及的箱子式套房。除了睡床和 Bang & Olufsen 電視機外，臥房內上上下下找不到一條直線型設計。衛浴間由衣櫃室、化妝室和盥洗室三個不對稱空間組成，從天花板至地板皆由大理石打造。浴缸邊隅的落地玻璃窗坐擁湖光山色美景，就連坐在馬桶上仍可飽覽醉人風光。

非理性的身體療癒

步入名為「石頭」大廳的接待處，宏偉氣勢排山倒海而來。整個大廳儼如從一塊巨岩雕刻出來，從天花板、牆壁、樓梯至地板，盡是銀光閃爍的石灰岩。

常言道：「梅邊之石宜古，松下之石宜拙，竹旁之石宜瘦，盆內之石宜巧。」那畫下之石宜淡、不宜暗。上百件價值連城的藝術品坐鎮石頭大廳毗鄰的前臺、大堂、酒吧和餐廳內，提供糧食給強調「腸胃需要填飽，心靈也不可輕視」的旅客。

做為基調的淺淡灰石岩，立即彰顯出這些大師級作品的熠熠星光。離我不及兩公尺處是亨利・摩爾（Henry Moore）的三個臥躺式銅雕，前臺置有杜安・漢森（Duane Hanson）的旅人雕像，後院放著凱斯・哈林（Keith Haring）的塗鴉藝雕、而坐鎮旅館入口的居然是米羅（Joan Miró）和達利（Salvador Dalí）的代表作。接待大廳和酒吧還找得到沃荷、曼雷（Man Ray）、恩斯特（Max Ernst）、赫思特（Damien Hirst）的代表作。

這批藝術品經駐館經理證實是飯店主人的私藏，並聲稱：「多爾德大飯店是屬

上：石頭大廳和前臺的沃荷名作
左：陽臺外飽覽蘇黎世湖

於全國瑞士人的。」這裡的接待大廳隨時歡迎在地人前來和世界各地的旅人交流分享，期待碰撞出靈光乍現的火花。

多爾德大飯店還有一所四千三百平方公尺的水療中心，吸引了全球各地的政商和藝文界名流前來打卡。我彷彿置身在索倫提諾（Paolo Sorrentino）執導的《年輕氣盛》那家超級奢華的療養SPA館場景中。

跳脫一般的設計慣例，入口處櫃臺上的裝置藝術作品，已感覺出非同凡響。一個鋁合金籠子，自動在櫃臺的牆壁上左右來回，安置在幾個不同角度的燈光，讓籠子經過時投射出不同規則的光影變化。捉摸不定的黑影，示現生命的不確定性，彷彿告誡旅人：身體無時無刻不在變化，上一分鐘和下一分鐘的你已經迥然不同。

有一螺旋形禪行道，建於花藝茶室旁。療程前先來一段經行，把心帶回當下，讓俗世的煩躁慢慢沉澱下來。安定了心，才處理身體的疲憊，穩收事半功倍之效。

昏暗的理療室內設有一個如太空船般的泳池，我安躺在漂浮的橡皮床上，在沒有重量感下享受了有生以來最銷魂的瑞士按摩。療程完畢後下床，差點站不住腳，由於身體習慣了沒有地心引力的狀態，一時間無法對這個現實世界做出反應。

水療中心的室內泳池，只能用「極致震撼」形容它的設計格局，也體現出佛斯特在建築界的過人之處。兩片巨大赭黃的斑駁石岩，像極了剛從大峽谷切割出來似的，環環緊扣著整個V字型的寬闊泳池。在自然採光下隱約透露出氣勢豪邁的幻覺地勢，泡在水中望著石岩倒影，感覺很野、很放。

館外的日光躺椅邊，置有一座波特羅（Fernando Botero）的肥胖石雕，俯視著那

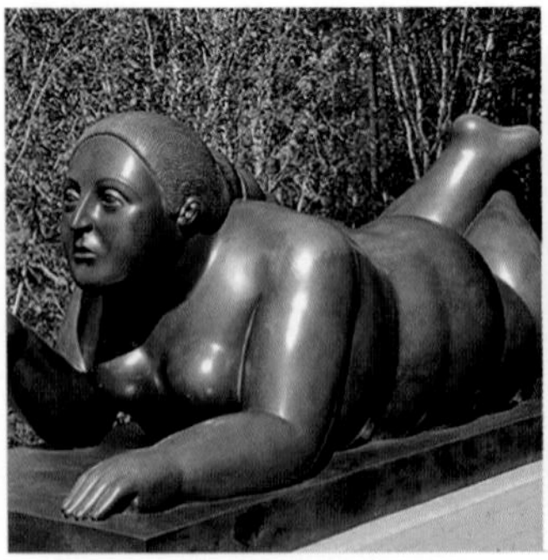

上：波特羅、哈林和達利的唯美作品

左：設在老建築內的接待大廳

些趴在躺椅上正在晒太陽、對體重斤斤計較的客人們，形成滑稽諷刺的對比。

我還把自己埋在熱呼呼的鵝卵石堆下，體驗日本傳統的熱石浴；還有一個雪花紛飛的冷凍房，裡頭氣溫低於零下五度，可惜我沒有勇氣光著身子闖進去。

近乎瘋狂的廚藝追求

一九〇〇年，兩位法國兄弟創立了一間叫米其林的輪胎公司，他們將地圖、加油站、旅館等有利於汽車旅行的資訊集結成一本手冊，成了現代版的《米其林指南》。一九二六年，米其林開始將特別優秀的餐廳用星號表示，為維持評鑑的中立與公正性，派出的評審都是匿名喬裝來觀察店家最真實的一面。

全球各地的大廚無不對米其林星級奉為至上標準：一星是頒給使用頂級食材、創造獨特風味料理的餐廳；二星著重主廚的才華、餐廳的布置與服務；至於要摘下三星，將料理昇華為藝術品的功力是不可或缺的條件之一。吃過一百一十家三星餐廳的飲食作家海勒（Andy Hayler）語出驚人：「三星是絕對值得買張機票專程飛來品嘗的上好餐廳！」這些大廚們每天在廚房裡至少十五小時，確保放在盤中的那一小片芫荽葉不會太乾癟而讓他們失掉一顆星！

我望著身形魁梧的德籍大廚海科（Heiko Nieder）擠在水泄不通的廚房，忙得不可開交，也難怪，他可是整個蘇黎世絕無僅有的二星主廚。

前菜端上桌，美得猶如藝術品，顏色、香味、質感、擺盤都超乎預期的想像。我

右：水療中心的理療室

上：日本熱石浴

下：很野、很放的V型石岩泳池

一不留神，其中一道菜的餡料剛好溢出，掉在潔淨的玻璃桌上。海科立刻伸出兩根手指捏起肉餡，送進嘴裡，還面不改色地說：「絕不浪費這麼珍貴的食材！」

我對他這個突如其來的舉動先是一征，覺得有點唐突。我是從餐桌禮儀的角度出發，而海科是從暴殄天物的角度來看，不同視角看待問題自然得到不同結論。世事紛爭無非就是大家都站在不同的位置上。

坦白說，很難為這份五味雜陳的二星套餐下定論。如果純粹只是從好吃或不好吃的角度切入，似乎對不起海科主廚的匠心獨運。猶如作家詹宏志在東京銀座享用小野二郎的三星級壽司，形容那頓晚餐並非是一種重複已知的美食經驗，而是一場拓展未知的經驗邊界。

接待大廳底層還有另一家由幾十條登山繩交錯而設計出的餐廳「Salz」，代表鹽的意思。自古以來，鹽就是一種珍稀的食材，在舊時的法國，甚至被當作錢幣使用，換取奶酪與羊毛，或用以抵稅，關乎著人的生存大計。英語中的 Salary（薪水）一詞就源自於拉丁語中的 Sal（鹽）。

Salz 餐廳採用的食鹽，來自有著上千年歷史的蓋朗德（Guerande）鹽田區。據傳每五十平方公尺的鹽田才能結晶出五百克的鹽之花，脆弱的晶體極容易因為沾上露水或觸碰而溶解或粉碎，因而變得稀有珍貴。點一客餐廳的招牌菜龍蝦沙拉，撒上一小把鹽之花，品嘗慢慢幻化而成的人間美味，如此難得怎能不特別惜「鹽」呢！

餐廳的大門口，放著一個用各類蔬果裝置而成，名為「四季」的大頭塑像，乃菲利普・漢斯（Philip Haas）的玩味之作，用來招徠客人亦不失風趣。另一家餐廳 The

大廚海科和他的米其林二星套餐

Restaurant 的角落則掛有坎貝爾（Scott Campbell）頗具幽默感的名畫《I will start my diet tomorrow》。初抵餐廳的老饕們，面對這幅畫無不笑得前翻後仰。

建築到底是什麼？

剛入秋的瑞士，到處山冥雲陰重，天寒雨意濃。人影娉婷的蘇黎世湖邊，只遺下一川淡月疏星。踞於市內第一區的聖母大教堂，周邊的古雅建築群依然遵從古早民宅設計，幾百年來未曾改變。

蘇黎世湖以北的柯比意之家，常年累月聚集無以計數前來朝聖的建築粉絲。沿著湖邊往南移動，開始遇上時髦新穎的現代高樓。我搭上三號電車，途中轉乘齒軌火車爬上山頭的多爾德大飯店。一路上的視野隨著上升的高度愈來愈開闊，窺見的城市景觀也愈來愈觸目驚心。蘇黎世正遭受日新月異的建築科技侵襲。

建築的技術、材質、形式與樣貌不斷演進，卻將人從大自然天地裡一步一步囚禁到高樓裡，將人從享受風吹、陽光撫照、新鮮空氣撲鼻的自然裡，關進一間間外觀長得一模一樣、白天要開燈、平時將窗戶關起來而只能吹空調的高樓裡。

建築，到底是什麼？這或許是古今中外每一位建築師都在探索的問題，一個關乎人類存亡的問題，同時也是個宛如「我是誰」的哲學問題。

這也是佛斯特爵士窮盡一生之力，在每一件作品裡向自己提問，向世人提問：「建築是什麼？」

柯比意
Le Corbusier
1887～1965
法國建築師、都市計畫家
現代高科技設計先驅，被稱為「現代建築旗手」

多爾德大飯店 The Dolder Grand
地　址｜Kurhausstrasse 65, Zurich 8032, Switzerland
電　話｜+41-44-4566000
電郵信箱｜info@thedoldergrand.com
網　址｜www.thedoldergrand.com
造訪時間｜2016年9月
房　號｜Junior Suite Grand 2306

上：Salz餐廳大門口的「四季」人頭像
下：由幾十條登山繩交錯而設計的Salz餐廳

為藝術入獄

Rocco Forte Hotel Amigo, Brussels, Belgium

友人旅館

布魯塞爾，比利時

有些旅館的名字，總教人聯想起美好的事物，像「香格里拉」就取得特別有韻味，猶如在鬧市中尋獲天堂淨地；而奢華品牌安縵集團的梵名「AMAN」則讓人聯想到祥和平靜。

在布魯塞爾，你要是對人說：「I am going to Amigo!」人家準以為你犯了什麼滔天大罪。Amigo 這棟建築物的前址是一座監獄，在法國殖民時代可是聲名狼藉、監禁囚犯之處。儘管現已改造為一家馳名國際的古雅旅館，當地人對其過去還是一如既往津津樂道。

監獄成了旅館的活招牌

毗鄰世界文化遺產布魯塞爾大廣場，隱居在寧靜小巷弄裡的友人旅館，與周遭各式各樣的古蹟建築並排，讓人瞬間彷彿倒回中世紀的浪漫情懷。從旅館大門到尿尿小童雕像大概是二百步之遙，薩布隆古董區和馬格列特美術館僅在十五分鐘的步行範圍內；而捷運站也是區區五分鐘路程，可謂出入方便又快捷。

二戰時期，布魯塞爾市僥倖沒有遭受到過於猛烈的轟炸攻擊，得以保留了百年來精雕細琢的眾多哥德式建築。友人旅館這棟平樓的歷史最為悠久，最初記載於一五二二年，由市政府設為一座監獄掌管近三十年。當西班牙人執政法蘭德斯（Flanders）時，誤把佛萊明語的「監獄」會錯意成西班牙語的「朋友」（Amigo），而留下了這親切且極富趣味的名稱。

上：布魯塞爾的熱門景點

左：前址為監獄的友人旅館，毗鄰布魯塞爾大廣場

HOTEL AMIGO
HOTEL AMIGO

HOTEL AMIGO

一九五七年起，平樓由布雷頓（Blaton）家族經營，改建成專門接待知名文人墨士的高級飯店。近年在英國酒店大亨洛克福特爵士（Sir Rocco Forte）的掌管下，翻新為豪華精品旅館。館內風格由著名室內設計師奧嘉・波利奇（Olga Polizzi）構思，使用十八世紀的佛萊明章紋布簾搭配時尚的擺飾，各個角落則採用比利時名畫家作品點綴，讓賓客可以同時詳盡地欣賞傳統與現代的比利時藝文精髓。

奧嘉・波利奇曾經為英國首相柴契爾夫人設計官邸，品味及功力可見一斑，顏色的篩選與搭配是她最擅長表達的手法。不同品級的套房以個別的顏色為主調，襯以品牌家具和燈飾，整個房間的獨有品味彰顯而出。就算足不出戶，被關在這麼高貴的「監獄」裡，也心悅誠服。

一走進接待大廳，腳下踏著旅館修建時細心保存、自西元六二〇年就鋪下的黑鵝卵石走道，襯托周圍的朱紅絲絨椅和菊黃佛萊明花毯，沉浸在溫暖宜人的氣氛中。

大廳 Bar A 吧檯靠窗的沙發，曾是許多名人雅客的佇足點，出現過的國際紅星不計其數：瑪丹娜、碧昂絲、史恩・康納萊、大衛・鮑伊、艾爾頓・強等大咖人物。總統和政治家也是這裡的常客，被《紐約客》雜誌封為全球最有權力的女人——德國鐵娘子梅克爾，也愛流連此處小酌幾杯。聽說她生性怕狗，在莫斯科克里姆林宮拜訪普丁總統時，曾被他的黑獵犬嚇得說不出話來。

在友人旅館，寵物狗狗是獲准和主人一起入住的。可是梅克爾每每出訪比利時，依舊愛下榻於此。說穿了別無他因，世上還有那一間旅館的保安措施做得比監獄還要好呢？

安格拉・梅克爾
Angela Merkel
1954～
現任德國總理
德國歷史上首位女性總理，2015年當選《時代周刊》年度風雲人物

上：接待大廳的黑鵝卵石走道
左：Bar A是名人雅客的佇足點

和馬格列特朝夕相對

本地藝術大師馬格列特的作品，幾乎霸占了旅館的各角落。一走進我的套房，門楣左側就掛了三張素描手稿。

客廳也出現一張馬格列特的《男人之子》，和電視機及書桌相互對望。臥房也有一張擱在床頭上，睡覺的時候也許還會夢見他的蘋果臉。馬格列特年輕的時候，曾以臨摹畢卡索畫作維生。這位以超現實主義為畫風的藝術家，早年不得志，後來遠赴巴黎和倫敦學藝，回國後的第一場個展，竟然遭受藝評家的無情奚落。

幸虧馬格列特的意志力堅定不移，終於守得雲開見月明，以《影像的背叛》一舉成名，巧妙運用錯置與顛覆來挑戰人們看畫的慣常經驗。這幅畫現今典藏在洛杉磯郡立美術館內，友人旅館也有一幅臨摹品，躲在旅館內某個不起眼的角落。

住在旅館的每一天，最期盼的還是洗澡時刻。浴室裡擺設著一系列活潑生動的插畫，悉數竟是名漫畫家艾爾吉的《丁丁歷險記》，讓旅人洗澡的同時，也可發發童年時的探險夢。丁丁（Tintin）可說是二十世紀最有名的歐洲漫畫人物，不亞於多啦A夢和老夫子。自一九二九年出版便轟動全世界，幾十年來被翻譯成超過七十種語言，改編成動畫卡通、電影、電視和電臺節目，是比利時近代文藝的驕傲。

引以自豪的皇家貴族服務，讓每個客人體驗到真正的至高享受，連套房內的迷你吧都可事先按房客要求設置，包括特選的比利時啤酒和房內早餐服務。旅人可以悠閒寧靜地用餐，同時欣賞窗外重疊如山丘般的新哥德古蹟建築。有時碰上街頭藝人

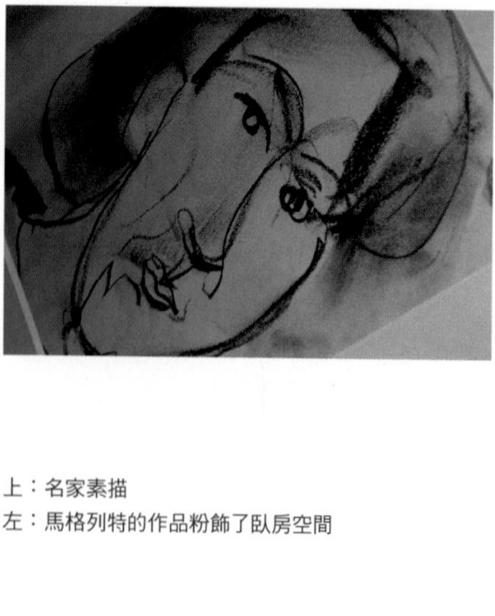

雷內・馬格利特
René Magritte
1898～1967
比利時超現實主義畫家
著名作品包含《戴黑帽的男人》、《戈爾孔達》等

上：名家素描
左：馬格列特的作品粉飾了臥房空間

拉琴表演，悠悠琴聲流入套房裡，讓原本愜意自在的晨早時光更加動人心弦。

以淺紅色調貫穿整間套房，沙發、窗簾、睡床皆以不同深淺的酒紅色系營造出一種深秋的斑駁瑰麗，又滲透了些許幽幽愁緒。「愁」字不正是指立秋之際，陽弱陰盛的天地頤養萬物時所帶來的一種心理狀態。

套房內的空氣，似乎瀰漫著一股果香味，乍聞之下，像淡淡的桃子味，感覺特別舒服。滿清時代慈禧太后的寢宮裡，高高的木櫃裡全堆滿了熟透的桃子，香氣撲鼻，令人陶醉，據說有安神養心之用，可以幫助入眠。追問下，員工才肯透露其中原由。旅館採用的空氣清香劑，是獨家授權限量生產的。

走在迴廊上，暗自臆想這一間間的套房，猶如一間間牢房，被禁錮其中的人未必都是傷盡天理的販夫走卒。伽利略在牢房中發明了天文望遠鏡，文字獄啟發了蘇東坡不少詩作，而曼德拉也在監獄中完成使命——成為南非首位黑人總統。

遭受牢獄之災的文人偉人不勝枚舉，對他們而言，有時候反而是一種生命的磨練；經過幾年、甚至幾十年與外界隔離，沉澱後的思緒反而更清晰、更能看清生命方向。這種閉關式修煉，未嘗不是生命的轉捩點。

淡，才是人生真味

提起「比利時」，總教人聯想到巧克力。皮耶・瑪歌尼尼（Pierre Marcolini）則是少數能夠從採購可可豆、篩選、烘焙，到最終裝配整個生產過程的巧克力製造商

曼德拉
Nelson Rolihlahla Mandela
1918～2013
1993年至1997年擔任南非總統
著名的反種族隔離革命家、政治家和慈善家

以不同深淺的酒紅，營造了深秋的斑駁的瑰麗

之一，曾獲封為全世界最美味也最昂貴的巧克力。

友人旅館為了確保客人可以充分享受巧克力，特地與多間當地巧克力生產商聯辦工作坊，包括以巧妙結合巧克力、水果和香料而享譽全球的瑪歌尼尼。電影《濃情巧克力》中教人垂涎欲滴的製作過程，在友人旅館的巧思下，原汁原味被複製出來。入口即化、甘甜如蜜、帶有濃醇水果與堅果馨香的口味，堪稱此生中品嘗過最美味如天之甘露的巧克力！

得過無數海內外美食獎項的 Bocconi，乃創辦人洛克福特爵士為了在異鄉也能嘗到高品質的義大利菜而特別開設的，是一家在布魯塞爾市內獨領風騷、擁有高等廚藝的頂級義大利餐廳。

自助早餐的菜單，捨繁就簡，有燻鮭魚片、自家製優格、各種比利時起司和醃肉，連果汁都是當天現榨。古方傳承的經典名菜計有：佐了黑松露風味馬鈴薯泥的鱈魚排，撒上烏魚子的墨魚汁義式燉飯，還有襯了稠美馨香荷蘭醬汁的鮮蘆筍。

因為做法簡單，蘆筍的品質就成了好壞的關鍵。Bocconi 餐廳裡只用在地盛產的白蘆筍，莖體圓粗肥大、纖維柔細、汁飽味甜，方為上品。這道素淨簡約、口感爽脆的小菜，和南韓女尼靜觀師太的素食料理不遑多讓。

靜觀師太認為尊重季節、尊重天地、尊重最天然的味道，不是日本料理或佛教素食獨有的精神，而是所有頂級料理共有的本質內涵。為了讓食材本身具有的原味展現出魅力和魄力，靜觀師太親自栽種所有食材；翻土、除草、澆水、施肥，樣樣親力親為。她每天還和瓜果蔬菜保持對話，賦以正能量，這些食材或多或少都沾了靜

右：曲線優美的梯形設計

左：迴廊和會議廳也沾上藝術味

觀師太的靈秀之氣，做出來的料理味道當然各有韻致。

具體來說，濃、肥、辛、甘都非真味，真味其實只是淡。淡淡的清香優雅，更讓人回味再三，且不易生膩。綜觀我們的人生又未嘗不是，透過一日三餐，思索真味、體察人生、回歸自然，此乃最高層次的飲食境界，對於嗜吃速食和工業調味的新生代，尤值省思呀！

自由，需要一雙翅膀

秋高氣爽的午後，菊黃般的陽光自玻璃牆透進來，在旅館空間之中迤邐了天光雲影的一日流變。這時候，最好立即放下手邊雜務，點一客 Bocconi 引以為傲的提拉米蘇蛋糕，配上一杯濃郁義式咖啡——必須在二十五秒內流入杯裡的，才是真正的醇美義大利咖啡！

我騰出半天時間，悄悄叩訪歐盟總部設在巷弄廣場內的安維特，一個小而美的古蹟老城區，也是比利時的旅遊重鎮。

以鑽石工業馳名全球的安維特，住著一個人口相當多的中東部落。這些弱勢族群以鑽工為生，也從事超市、洗衣店、餐廳廚房，甚至擺地攤兜售標誌著 LV 和 PRADA 的冒牌包包。

看著這群絕處逢生的勞力工作者，在三餐不繼的處境中勉強求存。歐盟標榜的人權就像是一隻失去翅膀的鳥兒，就算給牠自由，也飛不起來。沒有衣食溫飽，談什

右：Bocconi餐廳一隅
左：得獎無數的高人氣餐飲

麼人權自由。

近幾年來，在歐洲各國鬧得沸沸揚揚的中東難民潮，對當地民生造成翻天覆地的影響。法國的黃背心運動、英國的脫歐計畫、義大利的右派崛起，起因幾乎來自同一源頭：失控的難民潮。

中國當代最具爭議的前衛藝術家艾未未，二〇一七年執導並入選第七十四屆威尼斯影展的紀錄片《人流》（Human Flow），不正反映出全球的難民危機，也點出人性的弱點與文明的黑暗。

艾未未曾經為了藝術鋃鐺入獄，他把在牢房的歲月用藝術化的手法記錄現實，打動了千萬人心，引發全世界廣泛的關注與報導。

而友人旅館的監獄背景，是不是讓住進來的旅客也變成一種藝術行為的參與者？

艾未未
1957～
中國藝術家
活躍於建築、藝術、影像和社會文化評論，也是積極的行動者，《時代》雜誌風雲人物

友人旅館 Rocco Forte Hotel Amigo
地　　址｜Rue De l Amigo, Brussels, Belgium
電　　話｜+32-2-547-4747
電郵信箱｜enquiries.amigo@roccofortehotels.com
網　　址｜https://www.roccofortehotels.com/en/
造訪時間｜2016年6月
房　　號｜Suite 221

上：從旅館陽臺可窺見古蹟建築
下：安維特小鎮內的歐盟總部

CHECK IN 5

慢療天地
Slow Rest

15. 埋在雪山下的情詩

德瑪鈴卡，廷布，不丹
Terma Linca, Thimphu, Bhutan

16. 人體的祕密花園

池上旅宿，峇里島坎古，印尼
Villa Sungai, Canggu, Bali, Indonesia

17. 讓時間慢慢老去

貝爾蒙德風瓦山莊，龍坡邦，寮國
Belmond La Residence Phou Vao, Luang Prabang, Laos

埋在雪山下的情詩

德瑪鈴卡

廷布，不丹

Terma Linca, Thimphu, Bhutan

街坊巷弄間流行著一首情歌，非一般靡靡之音，而是倉央嘉措最為世人傳頌的情詩：

那一刻，我升起風馬，不為祈福，只為守候你的到來。
那一日，我壘起瑪尼堆，不為修德，只為投下心湖的石子。
那一月，我搖動所有的經筒，不為超度，只為觸摸你的指尖。
那一年，我磕長頭在山路，不為覲見，只為貼著你的溫暖。
那一世，轉山不為輪迴，只為途中與你相遇。

倉央嘉措就是雪域藏地的六世達賴喇嘛。三百多年前，這位梵行極高卻多情不羈的喇嘛，從心底輕輕吟出了這耐人尋味的詩句。即使是貴為西藏法王的倉央嘉措，仍要為他的矛盾與取捨付出代價。這樣的情詩，如何不感天動地！

迅速竄紅的那首流行歌曲，據西藏學者透露，並沒有真正引用倉央嘉措的情詩做為歌詞的主軸。由於流傳民間既廣又深，也沒有人去質疑它的真實意義了。

前世今生 只為遇見你

被世人稱為「西藏的尾巴」小山國不丹，也流傳著一段廣為人知的愛情故事。故事中的傳奇人物赫然是不丹的第四任國王：晉美辛格・旺楚克。

一九七九年，晉美辛格同時娶了四位姊妹花為妻，轟動整個喜馬拉雅區域，引起

晉美辛格・旺楚克
Jigme Singye Wangchuck
1955～
不丹國王，1972年至2006年在位，兼任陸軍總司令
「國民快樂總值」的創始者

上：傳統長靴
左：APA小吃館

民間不少熱議。這四位如花似玉、賢慧能幹的王妃，為陛下生了十個孩子。最年長的王子凱薩爾．旺楚克已經在二〇〇六年登基為第五任國王。

不丹國土多為山區，充滿神祕色彩、重巖疊嶂的險峻高地。滔滔江河切出深壑幽谷，林深道阻，行人止步，催生了適合隱居的人間仙境。在幽深絕壁的山澗裡，除了藏在三千公尺、長滿松林的唐古寺院，尚有無以計數鮮為人知、若隱若現匿蹤於山林溝壑的喇嘛寺院。

迤邐於廷布高山峻嶺下一方河谷，海拔約二千四百公尺，德瑪鈴卡旅館以河谷山林的壯美為設計背景，從古代宗式建築汲取靈感，傳統工法築就融會了民族風的純樸空間。巧借原木和山岩素材，打造赤瓦灰牆與朱紅梁柱，配色明亮柔和，展現一種山城隱居的淡泊氣息。旅宿外觀保有傳統村落結構，周邊不另外增設圍牆，呈現與周遭景色相互輝映的開放式空間，讓住進來的賓客度過農宅純粹又愜意的時光。

德瑪鈴卡在宗喀語中意為「寶藏之地」，乃王太后多傑．旺姆．旺楚克一手創辦。她曾在《祕境不丹》一書寫道：「外界對不丹的了解，傾向於一個極端擺向另一個極端。要嘛把不丹視為人間天堂，要嘛把不丹看成完全與世隔絕的國度。這兩種印象都不真實。」

為了讓旅客體驗原汁原味的不丹，德瑪鈴卡貫徹村落生活的悠閒步調。旅館坐擁豐富人文景觀的位址，儼然一處與自然共處的旅居天堂。走進德瑪鈴卡，一片繁盛的花園與生氣盎然的柳樹隨即映入眼簾，讓人只想靜靜地獨享不丹專屬的歷史風華。石岩牆面、竹製捲簾、復古老窗、宗教圖騰，旅館外觀由許多呼應風土民情的

多傑．旺姆．旺楚克
Ashi Dorji Wangmo Wangchuck
1955～
前不丹王后，現為不丹王太后
也是一位作家，著有《雲間虹影》、《祕境不丹》

以悠閒步調享受村落生活的愜意時光

Terma Linca
TSHERING

元素構築而成，帶著旅人穿越時光隧道，於原生氣息瀰漫的農村氛圍中沉澱心靈。

套房的室內空間採用與環境共生的理念，打造出明亮光潔、不帶有壓迫感的建築結構。選用素雅山岩、再生老木、竹子木桐等材料改造，遵循樸實、自然的概念。美中不足之處，乃家具的挑選與擺設欠缺構思，呈現出單調枯燥的視覺感，這也是旅館在 TripAdvisor 旅遊網站上收到最多留言的評論。

二〇一七年末，王太后召我入宮，委託一項超級任務：在不動用任何資金下，重新設計旅館套房的格局。她期望我善加運用德瑪鈴卡現有的硬體設施——沙發、床具、櫥櫃、椅桌、毯子、燈飾、古玩——重新組合所有元素來個乾坤大挪移，即是設計學裡慣常應用的 Rethink、Reform、Recycle。

為了回歸旅宿最簡單原始的功能——好好休息，我把套房空間的擺設重點集中在「床」、「椅」和「窗」，藉此鑄造一處以簡約為主的休憩居所。以簡雅的寢具搭配柔和的原木態地板，再點綴復古木櫃、茶几、器皿，營造沉靜舒適的空間，完美演繹自然萬物的原生態。坐臥其間，便能盡覽一脈相承的山河大地，彷彿藏身在山嵐田野間。

我從吉美多傑國家公園內的野溪邊擷取大量鵝卵石，以黑石和白石分別裝入七個長形玻璃瓶，安置在窗口處，呼應了佛教故事中家喻戶曉的「黑白善惡之爭」。也從哈谷農村收購不少百年難得、專用來印製風馬旗的木造經書雕板。整個起居空間頓然增添濃郁的宗教氛圍，體現出一般傳統民居的佛堂布置。

典雅的刺繡長靴、花卉鑲邊的木框鏡子、盛滿松果的竹籃、古拙的黃銅頌缽、原

客廳一隅

上／下：擺設重點集中在床、椅和窗，以佛教典故梳理設計細節

始簡樸的亞麻織品，都成了房間一隅的主角。這些農舍裡常見的日用品，在德瑪鈴卡如獲新生，再現風華。

安上淺色系紗簾的窗戶，不僅開闊套房的空間感，也讓滲透房間的陽光變得柔和順眼。原木地板在光線折射下更具戲劇性視覺效果，套房的家具線條不致於太生硬而僵化了臥房格局。四季交替的窗景讓入住的客人直接以視覺、聽覺和嗅覺感受二十四節氣的變遷。同一口窗在不同的節氣下遠眺，各有意境與韻味。杜鵑錦繁的春意、濃淡皆入眼的綠夏、燃燒似火的深秋山林、素裹銀妝的隆冬，大自然成為德瑪鈴卡最奢華的配備。

老爸、老媽也上陣

AIE 餐廳、APA 小吃館和 ARA 酒吧，皆以旅宿所在的浩瀚風光為背景。氣勢萬鈞的大山大水之中，藏有河谷中阡陌縱橫的靜謐之景，拂曉傍晚，古寺傳來幾聲鐘磬的悠揚回音，壯闊對比清幽，遠古對比當代，更加突顯出離塵世的隱逸情致。

APA 在當地人口中意即老爸，AIE 即老媽。老爸小吃館主打道地菜色——國菜辣椒起司、乾椒炸雞、黃瓜沙拉、清炒蕨葉、焗烤馬鈴薯，我親自向大廚學了一道王室御用食譜中的粉絲煎蛋。APA 的廚房沒有我想像中如歐威爾在《巴黎倫敦落拓記》所形容的那樣亂、髒、糟，大廚根本不擺臭架子，更不會在客人的飯菜裡面吐口水。所謂的「食安」問題並非只是今日課題，歐威爾對三〇年代巴黎飯店餐飲業

歐威爾
George Orwell
1903～1950
英國作家、新聞記者和社會評論家，曾在緬甸當過警察。以《動物農莊》和《一九八四》一炮而紅

上／中：臥房格局以四季交替的窗景為主軸，古拙的銅皿物和簡樸的亞麻織品增添風華
下：如農舍般的外觀設計

的內幕著墨甚多，尤其是駭人聽聞的汙穢和品質低劣的食材。在德瑪鈴卡的廚房裡，經理、大廚、侍者、洗碗員工猶如一家人，什麼勾心鬥角、仗勢欺壓、剝奪人權的勾當，絕對不會在這裡上演。

老媽餐廳以西式、泰式、中式混搭菜單為主，消費對象多半是那些吃不慣不丹菜的旅客們。ARA 酒吧則備有多種不同口味的當地「阿拉」佳釀，質地香醇順喉，口感清爽不燥，猶如一股暖流穿腸入肚，驅逐了深山寒意。當地特產的 K5 威士忌在色香味的造詣上，不會輸給日本的三得利或蘇格蘭的麥卡倫。

德瑪鈴卡亦可私下安排客人探訪當地的農家田舍，與淳樸鄉民享受糌粑佐犛牛肉和酥油茶。對山冥想，面河思過，聽僧侶以經文頌讚上師。踏上古道尋幽探祕，臆想昔日伏藏師一步一腳印踱出的歲月印痕，歷史從不曾走遠。

時間來到德瑪鈴卡，彷彿都可以被設定以一秒二十五格緩慢移動，城市煩囂的速度於此緩下步伐，行住坐臥變成一個又一個慢動作，在最純粹的旅宿空間裡悄悄地舒展被束縛的靈魂。

消失的文學都市

世界上有不少令人神往的馳名城市，在作家的生花妙筆下，更顯風土與人情的藝文味。雨果的巴黎、狄更斯的倫敦、喬伊斯的都柏林、馬哈福茲的開羅、帕慕克的伊斯坦堡、張愛玲的上海，這些文學都市經由作家的絕美詞藻粉飾，猶如被注入一

上：御膳房食譜上的粉絲煎蛋，還有黃瓜沙拉和乾椒炸雞

左上：ARA酒吧

左下：藏在河谷中的靜謐之景

股新生命力，整個城市像是一字一句由文字、詩詞、章節砌築而成。向來支持文學創作的王太后也寫過好幾本著作，其中以《祕境不丹》最為人所知，算是深度了解不丹的一本入門書。

不丹僅有一條高速公路，蜿蜒如蛇穿林繞麓貫徹整個內陸，沒有美國旅行作家保羅．索魯所熱愛的那種銜接東南西北的火車鐵道系統，只能以每小時四十公里的龜速，從一個鄉鎮移動到另一個鄉鎮。對於那些習於城市超速生活而缺乏耐性的旅客，倒是件好事。至少在不得不放慢的旅程中，重新找回逝去的慵懶腳步。

從 Google 地圖上，不丹的地形貌似一粒當地人俗稱 Momo 的餃子，廷布就位居在左側褶紋下。在這個沒有交通燈、星巴克、麥當勞的國度，抽菸是犯法，塑膠袋全面禁用，電視機還是遲至一九九九年才引進。

法國總統密特朗臨終前，選擇以烤圃鵐這道經典法式美食做為最後一餐。這些小雀鳥在黑市的售價可能高達每隻二百五十美元，因棲息地逐漸稀少而瀕臨絕種，所以在任何地方捕捉或販售均屬非法。在不丹，捕殺保育類動物必須坐牢。嚴禁殺生的不丹人，連叮咬他們的小蚊蟲也不打。當地民謠歌手拉姆．杜巴（Lhamo Dukpa）特別寫了一首歌，鼓勵世人愛護全球數量只剩下二百餘隻的白腹蒼鷺。

落實全民環保教育的不丹，是全球唯一二氧化碳排放量呈負增長的國家。諷刺的是，近年日趨嚴重的氣候暖化效應，已經造成不丹境內多處地區遭受山洪爆發的侵襲。如果情況持續下去，難保不丹某些區域不會變成詹姆斯．希爾頓的小說所描述的那樣，成為「消失的地平線」。

左／右：在旺河邊隅靜享下午茶

二〇一六年中旬，靠近北極的挪威斯瓦巴群島，迎來一位身分特殊的旅客——義大利鋼琴家伊諾第（Ludovico Einaudi）。隨行的一架史坦威鋼琴和他一起飄浮在一塊雪白如冰的平臺上。北極的純淨之美與此刻所面臨的全球暖化威脅，啟發了伊諾第創作〈北極悲歌〉。這首曲子的首演以壯闊的冰河為背景，灑落的鋼琴樂音映襯著冰層碰撞、崩落的聲響，讓人觸景傷情，並傳遞出全球八百萬人的呼聲，搶救即將融化消逝的壯麗冰河。

德瑪鈴卡邊隅的旺河，穿越整個廷布市。它源自北部西藏區域的喜馬拉雅冰川群，途經不丹，再南下直抵印度和孟加拉，全長三百七十公里。與旺河並行的廷布大街上，常可見成群野狗橫行無忌，和熙來攘往的人潮出現在餐廳、商店和飯店處，間中也穿梭不少披著藏紅僧袍的喇嘛。在漫漶朦朧的深紅身影中，我隱約瞥見神出鬼沒的倉央嘉措，在蠕蠕而動的人群中消聲匿跡。

據說，不安於室的倉央嘉措總喜歡在入夜後喬裝為平民，偷偷潛逃出布達拉宮，流連於燈紅酒綠的聲色場所，寫下一句句備受世人議論的情詩。

在詩裡，倉央嘉措不斷反覆追思、捫心自問：世間安得雙全法，不負如來不負卿？

不丹人從小就存好心，
說好話，做好事

德瑪鈴卡 Terma Linca
地　　址｜Post Box 2009, Babesa, Thimphu, Bhutan
電　　話｜+975-02-351490
電郵信箱｜gm@termalinca.com.bt
網　　址｜www.termalinca.com
造訪時間｜2017年10月
房　　號｜Suite 110

人體的祕密花園

池上旅宿

峇里島坎古，印尼

Villa Sungai, Canggu, Bali, Indonesia

理療室的床榻上，坐著年約八旬、膚色黝黑、臉布皺紋、身穿傳統峇迪服裝的老翁，他剛從近郊的珍貝卡村受邀到旅館來。聽駐館經理說，他擁有一雙能夠解除病痛的療癒之手。靈活有力的指頭，緊緊按壓著我的十根腳趾；我強忍著陣痛，像個待產的超齡孕婦。

在峇里島上，傳統巫醫比一般西醫還要受歡迎。他們大多從小開始接受正統訓練，對藥草的認識耳熟能詳，並認為慢性疾病多為氣血阻塞所致，得歸咎於我們的飲食習慣，尤其是吃得太精緻未必是一件好事。綜觀島上大大小小的村落，食物中沒有這麼多精製白糖和白麵粉，慢性疾病簡直聞所未聞。而當地土著更是認為小孩生病就該吃草藥，而不是價格貴得像吸人血的專利藥物。

不到百分之一的細菌真正危及人體的健康，西方醫學卻對百分之九十九的細菌宣戰，我們殺死的細菌有很多是我們的保護者。二十世紀的細菌戰——肆意使用抗生素，慣常消毒食物，已經嚴重破壞我們的腸胃系統，危害我們的健康。

歐美科學家還發現，用消毒過的不鏽鋼桶製作的乳酪，大腸桿菌含量甚高。而在寺院用木桶製造的卻幾乎沒有，最關鍵的因素是木桶中好細菌創造出大腸桿菌無法存活的環境。

多虧池上旅宿的巧思安排，我才得以見識峇里島傳統巫醫的智慧。開出的藥方全是當地草藥植物；用來搗爛薑黃、萊姆、柳橙、羅望子的舀和杯也是以實木製造；加入野蜜、焦糖和薄荷即是一品島民樂此不疲的 Jamu 藥膳。

上：大自然的療癒力量無以比擬
左：密林環繞的池上旅宿

人體不是機器，而是一座花園

臨走前，老巫醫指著泳池邊枝繁葉茂的叢林，拍拍胸口說：「人體不是需要修理的機器，而是一座需要悉心照料的花園。」

這段話和在舊金山行醫逾二十年的史薇特醫生（Victoria Sweet）不謀而合。她在《慢療》中提出的想法是：身體在毫無干擾下可以自行療癒，機器卻不行。所以才有「疾病醞釀了多久，療癒的時間就要多長」的法則出現。

拉丁文的Curare一詞，早在幾百年前就從字典上消失無跡，變成了兩個不相關的單字：照護（Care）和治療（Cure）。在中世紀時期的療養院，照顧病人意即照護和治療並行。反觀現今醫院，早已失去了那種用心照料病患的精神，取而代之的則是利益和效率的恣意奉行。

如果醫生診斷病人的時間不是兩分鐘，而是兩小時；如果醫院允諾病人在院內靜心修養兩個月，讓他們停止服用不必要的藥物，把省下來的藥費用在優質、有機、多元的膳食上，並引入按摩、針灸、艾療等非典型療法。這種種現代看起來「無效率」的醫療模式，卻是創造身體療癒奇蹟的不二法門。

位居坎古和水明漾周遭的池上旅宿，僅有兩棟三房一廳的別墅。得天獨厚的絕佳位置，徜徉山河懷抱中，可以一邊觀景，一邊聆聽天籟。

步入套房，雙面採光，引入草木深深的山景。原木色系的床具、雪白的床褥和蚊帳、米色窗簾，整體空間如河水般清澄通透。從我的臥房落地窗往外延伸，就是度

上／左：原木色系的臥房主調，引入草木深深的山景

假別墅的無邊際泳池。池畔外圍盡是熱帶雨林，在金黃晨曦的賣弄下，愈顯蒼翠茂密。阿漾河就擱在池畔下靜靜地流過，涓涓水聲遠聽近聞皆宜。

採取開放式的露天浴室，也坐擁一大片樹蔭，渲染了「寂寞空庭，梨花滿地」的詩意。洗澡的時候，偶有幾片落葉飄入浴缸，枯萎的葉子彷彿想沾點水喝的樣子。

飯廳正對著泳池，旁有一尊養了很多鮮苔的佛像，其質感與色澤酷似日本京都苔寺內濃淡深淺不一的青苔品種。老樹、石雕、紙燈籠和花園環環相繞，充滿山青花欲燃的景致。氣氛之好、環境之雅豈可尺量。道地色彩濃厚的島式佳餚，全是費時耗工的料理。晚餐的排場有傳統舞蹈和樂器助陣，教人賞心悅目。

人非病死，而是被嚇死

池上旅宿座落在山巒疊翠之間，幽深綠意透過落地玻璃登堂入室，身居其中，不禁泛起風氣遒美之感。以原木和石材打造的別墅格局，飾以木櫃、木桌、木床、木椅及木凳，一派渾然天成。茅草屋頂融合周遭生態景觀，低調收斂的色彩把視覺焦點還諸自然。中庭泳池與一旁的老樹呼應著天地間的療癒本質。

入宿的賓客大多來自歐美的文人騷客。曾經有一對奉行裸體主義的歐籍夫婦，迷上了別墅內依山傍水的清靜閒雅，濃林密谷，群山寂然。他們謝絕任何客房服務，每日三餐擱在門外，似乎置身於天體營似的。美國詩人惠特曼應該也嚮往這樣自在人心的生活吧！酷愛裸泳及裸體日光浴的他，認為衣服是人體最大的束縛。

華特・惠特曼
Walt Whitman
1819～1892
美國詩人、散文家、新聞工作者、人文主義者
美國文壇中最偉大的詩人之一，有「自由詩之父」的美譽

在和暖的晨光照耀下自然甦醒，眼前圍繞著身旁的蒼天古樹、彎曲小河、梯田農舍、繁花綠草，微微薰染著廟宇宗祠的早禱聲、學堂上的琅琅讀書聲、村落間此起彼落的雞鳴豬啼聲。這樣繾綣於大自然之中的體驗，正是池上旅宿想為旅人打造的祕境居所，讓那些在大都會打滾而身心受創的旅人有個慢慢療養的落腳處。

古人所說的「養病」旨在尋找一個自我放逐的絕佳空間。泰國佛使尊者提醒我們：病痛只是神經系統的感覺，如此而已，沒有所謂的「我的」或「你的」感覺。不只是自我，連任何意識形態的標籤都要一併丟棄。蘇珊・桑塔格在《疾病的隱喻》提到寫書的目的是為了減輕不必要的痛苦；是平息想像，而不是激發想像，她認為很多身患癌症的病人是被嚇死的。癌症所伴隨的隱喻是死刑判決，對感官來說，它顯得不祥、可惡、令人反感。古代世界對疾病的思考，大多把疾病當作上天降界的懲罰。

桑塔格呼籲只有把疾病的標籤拿掉，放下一切與疾病有關的負面想法，才能真正開啟痊癒之路。我們很容易因為疾病的名稱而誤判了自身的健康及療癒能力。桑塔格要我們思考的不是疾病，而是療癒力。

一般統稱的「疾病」，在古人眼中不能相提並論，疾病在初期或淺表時，稱為疾。如果不治療，進一步深入發展，疾就成病了。中醫治病仰仗患者天賦的自癒能力。除了用藥，還必須調理患者的飲食、睡眠、思維、情緒和生活習慣。和一般西醫的體檢制度，蓋棺論定得了什麼病，該服什麼藥，有著天淵之別。在峇里島上，藏匿在山坳森林間的老聚落無以計數，這些遠離市區的落後村寨，連一個像樣的診

蘇珊・桑塔格
Susan Sontag
1933～2004
美國作家、評論家、女權主義者、電影工作者
2000年獲得美國國家圖書獎，被譽為「美國公眾的良心」

佛使比丘
Buddhadasa
1906～1993
泰國上座部佛教長老
法號「因陀般若」，意思是「大智慧」，被尊稱為大姜，即「佛使尊者」

所都沒有，更甭談醫院，可是山區部落裡卻經常出現百歲人瑞。他們畢生健康，然後在生命結束之前那一刻快速衰退，無疾而終。如果世界上愈來愈多人可以長壽健康，就不必擔心人口老化帶來的經濟衝擊。

長恨此身非我有

蘇東坡一句「長恨此身非我有，何時忘卻營營」，該是現代人最好的警戒。人盡其一生汲汲於功名利祿，錯過了許多美好時光。等到人老珠黃，回過神來才後悔不已，感嘆人生苦短。

幾年前叫好又叫座的好萊塢小品《金盞花大酒店》，描述一群放棄安逸養老機會、來到印度尋求不一樣晚年的退休老人，各自在異國開啟生命的另一扇窗。

旅行過程總是能喚醒人性中渴望探索未知的深層意念。電影述說的也就是這樣的宗旨，如何在生命或將告終的晚年，來一場與生命對話的旅程。影片一開始，茱蒂．丹契與客服人員的電話對談，對方像個機器人般用生硬冷酷的語氣制式化回應，突出了一個活在制度下的冷血傀儡，缺乏了生活溫度、關懷、熱情與感動。沒有人性化，只有公式化，這樣的服務在旅館界屢見不鮮。我從酒店員工的一個笑容、眼神或肢體動作，就可以看出端倪。人家說話的時候，我只聽他們沒有說出來的話。

池上旅宿能夠出奇制勝，擊敗連歐洲各國皇室也痴迷不已的湖卡山莊（Huka

茱蒂．丹契
Judi Dench
1934～
英國電影、電視及舞臺女演員
多次榮獲金球獎與奧斯卡獎，
為人熟悉的角色是《007》系
列的特務上司

上：島式料理
左：上好服務不能缺乏溫度、關懷、熱情與感動

Lodge），拿下全球最極致度假勝地的殊榮，證明了它的過人之處。

除了臥房是以室內格局呈現，浴室、飯廳、泳池、涼亭和花園，皆以開放式露天設計，融入大自然環境中，享受被密密匝匝山林環抱的幸福感。

彼得・湯京士（Peter Tompkins）撰寫的《植物的祕密生命》揭發了許多令人匪夷所思的事實：植物能夠和悉心照顧它的人靈犀相通；它會記得曾經摧折同類的人，而且顯示它的恐懼；它看透人心，知道你有沒有撒謊；它也觀察敏銳，知道你得了什麼病或吃錯了什麼東西。

植物是有思想、智慧、情緒、記憶和感情的。它善解人意，並且隨時隨地可以與人溝通。植物對巴哈（Bach）的古典樂反應極大，不過它們還是較偏愛拉維・香卡的西塔爾琴音。或許它們聽了峇里島上風行的甘美朗敲擊樂也會想要跳起舞來吧？

四無人聲的午後，只剩下空山闃寂，雲淡風輕。我躲進泳池裡，獨享閉關式短暫靜謐。從泳池伸展至河畔的斜坡上，覆蓋著一層如絨毯般的草皮。陽光偷偷爬過樹葉間隙，灑瀉在一望無垠的草坡上。

我呆望著那片綠葱葱的青草地，想起惠特曼在《草葉集》這樣告訴粉絲們：

我把自己交付給泥土，
我將從我愛的青草裡長出來，
假如你想見我，
就在你鞋底下找吧。

拉維・香卡
Ravi Shankar
1920～2012
印度傳統音樂作曲家，最傑出的西塔爾琴演奏家
地球上最著名的印度音樂家

池上旅宿 Villa Sungai
地　址｜Cepaka, Canggu, Bali, Indonesia
電　話｜+61-0-400-233-468
電郵信箱｜info@bali-villasungai.com
網　址｜www.bali-villasungai.com
造訪時間｜2017年11月
房　號｜Villa Sungai, Owner s villa at Sungai Gold

空山闃寂，雲淡風輕，把自己交付給天地

讓時間慢慢老去

貝爾蒙德風瓦山莊

Belmond La Residence Phou Vao, Luang Prabang, Laos

龍坡邦，寮國

從普西山俯瞰龍坡邦半島，最搶眼的莫過於那條筆直的法式林蔭大道，一八九三年至一九四九年法殖時期所修建。一條不到二公里的路卻同時擁有兩個名稱，從半島中央舊市場路口一分為二，往坎河口那條叫沙卡林路（Sakkaline），朝向市區皇宮原址的路段則命名為西沙瓦翁路（Sisavavong）。

兩處路名皆取自國王之名，沙卡林為父，西沙瓦翁為子，這對皇家父子就是龍坡邦朝代叱吒風雲的第二任及第三任國王。

一九五九年西沙瓦翁王病逝，由長子瓦塔納接任為第四任國王，無奈國家適逢動盪不安的內戰，登基大典一直未能如期舉行。等到內戰結束，自稱老撾國的共產政權獲勝，粉碎了瓦塔納的國王夢，並將他放逐國外。

那已經是半個世紀前的往事了！等待登基為王的漫長歲月裡，瓦塔納過著養尊處優的皇太子生活。不是吟詩抒懷、把酒言歡，就是四處野餐、打獵；要不就往一處他獨愛的小山丘放風箏，並在先皇所建的一幢法寮混融的避暑山莊，度過天清氣爽的炙炙夏季。

山莊居高臨下的視野格局及隱私靜謐，成了瓦塔納逃離皇宮鬱悶日子的最佳藉口，有時一住就是好幾個月。

從山莊的陽臺眺望遠處普西山頭上金澄澄的宗西塔，山腳下就是皇宮的所在地。壯志未酬的瓦塔納，不免腸斷心碎，故國不堪回首。這個位置該是瓦塔納王子曾經徹夜未眠、借酒澆愁之處。如今已經成為國際旅館集團貝爾蒙德（前身是東方快車集團）旗下一員，那座小山丘則成了人人口中的風箏山。

上：龍坡邦的佛教文化底蘊深厚
左上：鳥瞰龍坡邦半島
左下：通往風瓦山莊的小徑

幽暗中的生活美學

沒有臆測到從龍坡邦鬧市拐個彎，上個小山坡，不用舟車勞頓即可安抵大隱隱於市的風瓦山莊。隱逸已是近年來最奢華的旅行關鍵字，遠離塵囂，歸隱自然，遁入一方隱世之地，靜享獨處的行旅時光。

山莊藏身天地間的隱世祕境。只聽見蟬鳴響徹、鳥雀歡嬉於綠鬱竹林間。天與地、雲與山、霧靄與斜陽，由近及遠，層層鋪展，形成一派開闊恢弘、清澄明淨的景色。不愧為一個風水極佳、氣場充沛的養生之地，也難怪瓦塔納王子常把這裡當作是自己的寢宮。

Phou Vao 意指「風箏山」，改裝自三〇年代初期的皇家老宅邸，以融合豪華與樸素的優雅風範，成為龍坡邦第一家國際五星飯店。風瓦山莊應用代表在地的石灰岩，結合充滿手感的材質打造出簡潔的建築線條，沉穩色澤與遠處山巒渾為一體，猶如屏息藏匿於自然間，絲毫不打擾天地間的韻律。

古樸莊重的接待大廳，裝飾著略顯年代感的木質、金屬家具和配件，點綴出復古式現代觀點。老撾傳統音樂繚繞其中，十七座雕藝精美的古銅燭臺鑲嵌在沙發旁的乳白牆壁上，閃爍的暈黃燭光加深了桌上的石像與木造面具的立體感。旅館主人似乎領受了日本耽美派大文豪谷崎潤一郎所倡議的「陰翳美學」，以致於整個大廳的光影意境柔和適中，予人一種舒服安穩的氛圍。

英文裡的 Shadow，指的是光線透不過實物而投現出來的陰影，沒有層次，只有

上：陰翳美學，無所不在

左：陰暗裡藏有紋理和質感的，稱為翳，而非影

黑暗。但陰翳卻是陰暗裡藏有紋理和質感，還微微散發出光。

我們所處的城市已經嚴重遭受光害影響——地鐵或公車站燈箱廣告、大廈外牆巨大的電視屏幕，甚至是人人低頭並目不轉睛的手機屏幕，都是光害的源頭。事實上，城市人已很久沒有感受過漆黑的環境了，對夜空星光更是陌生。

入夜後的風瓦山莊，陰翳效應愈加明顯。迴廊上和餐桌上的燭光、掛在樹梢的竹籐燈籠、擺在酒吧座席間的紙紮立燈，無不創造出平日難以得見的光影景致。

建築大師安藤忠雄、知名攝影師杉本博司、無印良品設計師原研哉，早年亦受到《陰翳禮讚》影響，從而發展出「空即設計」的美學意念，和《般若波羅蜜多心經》所揭示的「色即是空，空即是色」相輔相成。

老樹下的緬懷

原始上座部佛教風行的龍坡邦古都，宗教色彩還是脫離不了偶像崇拜和薩滿儀式。寮國人口只有一半為佬族，其餘為山寨原住民：以母系氏族的克木族、赫蒙族、傣族和阿卡族居多。佛教未落地生根前，當地人對神祕世界最初始的理解乃透過祭拜石頭、樹木、河流、高山，祈求萬物神靈的庇護和恩賜。尤其是年逾過百的老樹，更被奉為神明。

推開套房內的法式木框落地窗門，外頭盡是綠意蔥蘢、繁茂豐盛的樹林。放眼望去，風瓦山莊的法寮式風格建築，在綠蔭襯托下更顯風情萬種。屋瓦採赤褐為底

沒有光害的情境下用餐

上／下：法寮式風格建築，以雪白外牆和百葉窗襯托殖民韻味

色，雪白外牆由長形的石柱支撐，飾以占巴樹桐打造的玄關、梯級和法式百葉窗，殖民韻味猶存。窗外陽臺欄杆處，置有休閒躺椅和幾本旅遊書籍，被忽暗忽明的光影籠罩著。十一月初冬的恬靜，和風依依，細雨霏霏。栽松可邀風、植柳可邀蟬的生活情趣在這裡俯拾皆是。

從五〇四號套房環顧俯視，小而美的無邊際泳池剛好擱在下方，匍匐在不算太高的山頭處。以一百八十度的視野鳥瞰整個蓊鬱翠麗的龍坡邦古城，有種「綠樹偏宜屋角遮，青山正補牆頭缺」的視覺美學。直到我投入暗綠色系的泳池後，池外層層疊疊交錯的山林又變得觸手可及，朝暉夕陰的光線穿透厚實的樹林，好像一伸手就能摸到樹頂上的鳥巢。

有棵老菩提樹躲在我的套房邊陲窗口不遠處，彷彿靜候千年，滿腹心事正待傾訴。對於樹，我有深厚的情感。想到悉達多王子一生與樹有緣：在無憂樹下出生、在菩提樹下證得正覺，最後於沙羅樹林間逝世。這些樹林可是大自然的保護者，可人類為了私利卻大幅砍伐森林，造成全球暖化的災難。

少吃，可以多活幾年

對於非洲許多山裡的孩子來說，生吞活剝白白胖胖的樹甲蟲才是頂級珍饈。在龍坡邦的菜市地攤，松鼠、蝙蝠、田鼠、螞蟻卵、蝗蟲、蟒蛇、河蛙依舊是當地人餐桌上的家常便飯。連水牛皮經過一番油炸，也成了庶民農人口中最入味的下酒菜。

上：小而美的無邊際泳池

左：窗口和陽臺處，被忽暗忽明的光影籠罩著

幸好風瓦山莊的早餐桌上並沒有出現令人質疑的食物，或任何聯想到野生動物形態的醃漬品或燒烤物。我可以放心大快朵頤，享受多半是有機食材的道地菜色：粉紅魚卵咖哩、香蕉花沙拉、香料豬腸、烤鴨佐羅望子醬，還有一道用沙崗辣木烹煮，足以麻痺整根舌頭的 Or Lam 燉牛肉湯。

人類的一日三餐可以吃得很豐盛，也可以很簡樸。英國靈長類動物學家珍·古德的每日早餐，就只是一片麵包和一杯咖啡。她還常把在餐廳晚餐用不完的麵包，收起來當隔天早餐。這麼做不僅避免暴殄天物，也可以節省開支。珍·古德的兒子憐惜母親，時常揶揄她吃得這麼少，卻有那麼多精力。

在東方醫學上，少吃其實對身體更健康，所以東方養生術向有「疾病以減食為湯藥」的觀念。聯合國在千禧年的報告指出，全世界有十億人營養過剩，這個數字已經正式超越營養不良的人數：八億人。

每日早、中、晚面對琳瑯滿目的美饈佳餚，生理和心理上鮮有不產生反應的。尤其是遇上心愛的美食，更加難以自拔。從吃可以看出一個人的個性，甚至一個民族的天性。十八世紀法國美食家布里雅·薩瓦蘭那句言簡意賅的名言：「告訴我你吃些什麼，我就能說出你是個什麼樣的人。」至今仍影響著新一代的老饕們。

我在旅館廚藝教室剛學上手的迷迭香烤雞肉質彈牙又富韌性，這完全得歸功於炭烤的藝術，佐以鮮甜多汁、香脆可口的 Jaew Bong 番茄沾醬，風味更佳。

《為何吃，吃什麼》的作者雷蒙·索可洛夫認為番茄可使原本美味的食譜，變得極度誘人。當我們把它配以肉類一起吃的時候，會產生一種協同增強的作用，讓兩

珍·古德
Jane Goodall
1934～
英國生物學家、動物行為學家、人類學家、動物保育人士
長期致力於黑猩猩的研究，
2002年獲頒聯合國和平使者

上：遠眺普西山頭上的宗西塔
下：水療中心一隅

種食物的「鮮味」更加強化。

當地土產的有機番茄，外表飽滿豐潤，甜度以日本乾柿子為準，超過這甜味極限就不理想了。在亞洲各地，番茄純粹只是充當佐菜的配角，委實有點大材小用。

時間，是一種生活溫度

寮國並不像少數國家揚棄了自身傳統文化或讓其自生自滅。寮人仍矢志不移維持著傳統精神並將之精緻化，這點從龍坡邦鉅細靡遺的寺廟藝術中可求證。

建於一五六〇年的香通寺，乃龍坡邦市內最宏偉壯麗的寺廟，為典型老撾藝術和工藝的代表作。大殿外隅的赤壁上，用了數以萬計的馬賽克裝飾的生命之樹，描述龍坡邦建城的軼事趣聞；而殿內的鍍金雕花木門則描繪了佛陀的一生場景。

每天清晨時分，披上橘紅道袍的僧侶們從香通寺外的沙卡林路開始沿途托缽。一路上出現眾多善男信女，以糯米團和菜餚供養僧侶。從佛教傳入至今，千百年的禮俗從未間斷過。

另一端的西沙瓦翁路，向晚時分即成了山地原住民擺地攤的傳統夜市。我頗欣賞赫蒙族人充滿文化圖騰的布匹設計，多為鳥獸或山林的刺繡。風格近似素描的手法呈現，類似日本藝術家奈良美智的畫風，具備了卡通、插畫和塗鴉的特色。

午後騎著單車環繞古城巷弄，常可遇上不在旅遊地圖中的絕美風景。位居龍坡邦半島盡頭的坎河口，當地人至今仍相信住著三條護國衛城的 Naga 祥龍。路口左

奈良美智
Yoshitomo Nara
1959～
日本當代藝術家
眾多作品已被收藏在紐約現代藝術博物館、洛杉磯當代藝術博物館等

上：宏偉壯觀的寺廟藝術
下：烤鴨佐羅望子醬、粉紅魚卵咖哩、河蟹及水牛皮

側，矗立著一棟遊客鮮少叩訪的老寺廟，叫河口廟。史書上特別聲明：它是唯一一座未曾遭受破壞，也從未修復過的完整老廟。

某旅遊指南形容它為一座破舊的寺廟，而非極富人文素養的老廟。「舊」是物質性的，含有貶意。「老」卻有非物質的一面，是一種時間的內容；而時間則是一種歷史，一種生活溫度，包含記憶、情感、精神和文化。

舊或老，美或醜，好或壞，端看內心的審視。修行無非就是時刻保持正念。不要在一帆風順時裝成修行人，更不要在遇到挫折時變回普通人。

此心安處是吾鄉

篤信佛教的寮人，舉手投足溫文儒雅，連按摩的力道也是沉穩中帶勁，絕不是那種壓得透不過氣的皮毛功夫。由於好奇心驅使，我決定試試水療中心赫蒙族的竹筒按摩。理療師用一根火燙的竹筒在背、腰與關節處來回滾動，配合手力之推、壓和按，把竹筒的暖氣帶至全身，以收舒筋活血之效，為「按摩」二字重新定義。

離風瓦山莊不遠，在一條彰而不顯的巷弄裡，有一家叫 Manda de Laos 的道地餐廳，以野蜜排骨佐香料沙拉馳名，曾是寮國王室最愛的一道菜。擁有二十顆米其林星星的法籍大廚艾倫·杜卡斯也給予寮菜極高的評價。他還偏愛寮國土產的青咖啡豆，奉為世界上最好的咖啡豆之一。在他的三星餐廳內，肯定少不了這味。

寮國的咖啡豆口感細膩濃稠，幾乎喝不到酸味和苦味，餘韻帶著龐雜的花果香回

艾倫·杜卡斯
Alain Ducasse
1956～
法國名廚
在摩納哥、紐約、巴黎開設的三間餐廳，皆獲得米其林三星評價，堪稱全球創舉

上：於此體驗了赫蒙族的竹筒按摩
左下：溫文儒雅的員工
右下：水療中心入口

甘，在法國巴黎有近四成的咖啡廳都選用寮國的極品阿拉比卡豆。

風瓦山莊悉心為我安排的湄公河遊船之旅，真可謂「乘興而行，盡興而歸」，終有契機見證山地原住民過著簞食瓢飲的日子。生活固然貧窮可內心安詳知足，過得自在快樂。粗茶淡飯當作醍醐之味享用，沒錢買鞋光腳走路也是一種幸福。就像西非赤足歌后艾芙拉（Cesaria Evora）一樣，登臺表演從不穿鞋。

快樂無處不在，是我們自己視若無睹，一直在浪費生命往外求，而忽略了往內觀。有求皆苦，無求乃樂。佛陀時常告誡弟子們：

念身不求無病。交友不求利己。生活不求舒適。
處世不求無難。謀事不求易成。究心不求無障。

道元禪師如是說：「執著於花的時候，花就謝了；可是雜草卻在我們嫌棄它的時候，茂密生長。」

痛苦之所以產生，全是因為我們遇到事情就判斷這個好，那個不好；然後一直想要捉住好的不放，避開壞的。連不諳佛法的英國歌手凱特．瑪露（Katie Melua）似乎也領悟了「無所求，不放逸」之理，輕輕地哼唱著……

不用逃離，也不用躲避，人生本已美滿無缺。
不用笑嘻嘻，也不用哭喪著臉，人生本已美滿無缺。

貝爾蒙德風瓦山莊 Belmond La Residence Phou Vao

地　　址｜3 P.O. Box 50, Luang Prabang, PDR84330 Laos

電　　話｜+856-7121-2530

電郵信箱｜reservations.rpv@belmond.com

網　　址｜www.belmond.com

造訪時間｜2018年11月

房　　號｜Suite 504, 501 & 206

雕藝精美的古銅燭臺

慢宿，

在旅館中發現祕境

Slow Hotels 3
Journeys around my hotel rooms

ACROSS 045

作　者—丁一（Vancelee Teng）
攝　影—丁一（部分由旅館提供）
插　畫—瓦若泰（Varothai Hantapanavong）
主　編—邱憶伶
責任編輯—陳映儒
行銷企畫—陳毓雯
視覺設計—楊啟巽工作室

董事長—趙政岷
出版者—時報文化出版企業股份有限公司
一〇八〇三　臺北市和平西路三段二四〇號三樓
發行專線：（〇二）二三〇六—六八四二
讀者服務專線：〇八〇〇二三一七〇五・（〇二）二三〇四七一〇三
讀者服務傳真：（〇二）二三〇四六八五八
郵撥：一九三四四七二四時報文化出版公司
信箱：臺北郵政七九～九九信箱

時報悅讀網—http://www.readingtimes.com.tw
電子郵件信箱—newstudy@readingtimes.com.tw
時報出版愛讀者粉絲團—https://www.facebook.com/readingtimes.2
法律顧問—理律法律事務所陳長文律師、李念祖律師
印　刷—詠豐印刷有限公司
初版一刷—二〇一九年七月十九日
定　價—新臺幣五五〇元（缺頁或破損的書，請寄回更換）

時報文化出版公司成立於一九七五年，並於一九九九年股票上櫃公開發行，於二〇〇八年脫離中時集團非屬旺中，以「尊重智慧與創意的文化事業」為信念。

慢宿,在旅館中發現祕境 / 丁一著. -- 初版. -- 臺北市 : 時報文化,
2019.07　面；　公分. -- (Across系列 ; 045)
ISBN 978-957-13-7876-3(平裝)
1.遊記 2.世界地理 3.旅館　719　108010758

ISBN 978-957-13-7876-3
Printed in Taiwan

慢宿，

Slow Hotels

Journeys around my hotel rooms

3